NICCOLÓ MACHIAVELLI
Der Fürst

NICCOLÓ MACHIAVELLI
Der Fürst

AuraBooks

– **Bibliografische Information der Deutschen Nationalbibliothek** –
Die Deutsche Nationalbibliothek verzeichnet diese Publikation in
der Deutschen Nationalbibliografie; detaillierte bibliografische Daten
sind im Internet über http://dnb.d-nb.de abrufbar.

IMPRESSUM

ISBN: 978-3749480036
NICCOLÓ MACHIAVELLI: DER FÜRST
Originalausgabe 01/2019 (Print); 09/2016 (eBook); © *AuraBooks*®
Entstanden 1513 unter dem Titel ›De Principatibus‹.
Erstdruck unter dem Titel ›Il Principe‹, Rom 1532
Nach August Wilhelm Rehbergs Übersetzung,
überarbeitet von A. Fischer, textkompetenz.net
Endlektorat und Umschlaggestaltung: textkompetenz.net
Herausgeber: AuraBooks | eClassica@aurabooks.de
Gesetzt aus der Baskerville
Herstellung und Verlag, BoD – Books on Demand, Norderstedt
Dieses Buch gibt es auch als eBook,
z.B. im amazon Kindle Bookshop

Inhalt

Die Bedeutung von Niccoló Machiavellis ›Fürst‹ für die Politik

Auf seinem Totenbett wurde Niccoló Machiavelli bedrängt, den Teufel und all dessen Werke zu verfluchen. »Dies ist nicht die Zeit, um sich Feinde zu machen« erwiderte er, lehnte sich in sein Kissen zurück und verschied. (Zitiert nach Theo Sommer, der hinzufügt, dass es sich um eine nicht verbürgte Anekdote handelt.)

AUS TRADITION trägt dieses Buch den etwas irreleitenden deutschen Titel ›Der Fürst‹. ›Il Principe‹, so der Originaltitel, spricht jedoch nicht explizit über den Monarchen, der qua Adelsstand und Titel an der Spitze des Staates steht – nein, es bezieht sich auf den *Herrscher* und Anführer ganz allgemein, egal welche Staatsform er vertritt, egal welcher politischen Couleur er angehört. Gerade dies, diese allgemein gültige Führungstheorie, die Machiavelli sachlich und analytisch aufstellt, machte das Buch zu einem Weltbestseller. Und zu einer begehrten Lektüre für Menschen in Führungspositionen, in der Politik, aber auch in anderen Bereichen, in denen Macht eine zentrale Rolle spielt: Früher war das zum Beispiel die Kirche, heute sind es die Wirtschaft, Politik und die Finanzindustrie.

Das Ganze ist nicht unmoralisch, nein, es ist moralfrei. Moral ist keine Kategorie, die in Machiavellis Überlegungen wirksam wird. Als ungemein erfahrener Politiker und Diplomat seiner Zeit war er lediglich ein präziser Analytiker der Funktionsmechanismen, die er vorfand. Er sagte nicht, dass sie die besten seien, er sagte nicht, dass sie anzustreben seien, er erklärte nur, dass und wie sie wirkten.

Seine Herangehensweise an das Thema war eine empirisch-wissenschaftliche. Und damit war er der erste – das Buch ist immerhin bereits im Jahre 1513 verfasst – der politische Verhältnisse methodisch analysierte. Heute würde man sagen: wissenschaftlich. Damit war er seiner Zeit weit voraus. Einige Biographen vermuten, dass die über Jahre enge Zusammenarbeit mit Leonardo da Vinci, der zeitweise am gleichen Hofe tätig war, Machiavelli in seinem Denken geschult habe.

Eines der meist gelesenen Kapitel des Buches ist wohl das Siebzehnte, in dem Machiavelli fragt, ob es für den Herrscher wohl besser sei, geliebt oder gefürchtet zu werden. Er antwortet: »Beides ist gut; da es aber schwer ist, beides miteinander zu verbinden, so ist es viel sicherer, gefürchtet zu werden, als geliebt«. Mit Furcht ist man also auf der sicheren Seite, so Machiavelli. Denn: »Die Menschen machen sich weniger daraus, den zu beleidigen, der sich beliebt macht, als den, der gefürchtet ist; denn die Zuneigung der Menschen beruht auf einem Bande der Dankbarkeit, das wegen der schlechten Beschaffenheit der menschlichen Natur abreißt, sobald der Eigennutz damit in Streit gerät: Die Furcht vor Züchtigung aber lässt niemals nach.«

Und weiter: »Doch muss der Fürst sich auf solche Art fürchten machen, dass er nicht verhasst werde; denn es kann recht gut miteinander bestehen, gefürchtet zu sein und nicht gehasst. Hierzu ist vornehmlich erforderlich, dass er sich der Eingriffe in das Vermögen seiner Bürger und Untertanen, und ihrer Weiber enthalte. Ist es aber notwendig, einem das Leben zu nehmen, so geschehe es so, dass die gerechte Ursache zu erkennen ist.«

Eine Handlungsanweisung für alle Diktatoren der Welt, und spontan kommt einem der gestürzte libysche Staatschef Muammar al-Gaddafi in den Sinn. 42 Jahre lang, so lange wie kein anderer afrikanischer Herrscher, hat er es geschafft, mit der machiavellischen Methode sein Volk still und ruhig zu halten. Bis ihm irgendwann die Balance zwischen Furcht und Hass entglitt: Am Ende war er nicht mehr respektiert, vielleicht noch gefürchtet, aber auf jeden Fall verhasst – und endete wie ein auf der Flucht erschlagener Verbrecher, nicht wie ein Staatsmann. Doch andererseits ist es erschreckend, wie lange sein Regime funktionieren konnte – und dass es dabei sogar von den westlichen Demokratien unterstützt und gestärkt wurde.

Machiavelli, der Ratgeber der Diktatoren, was war er eigentlich für ein Mensch? Ein Lehrer des Bösen, ein Bote des Teufels, ein gefühlskalter Krieger? Alles andere als das. Er war im Grunde seines Herzens ein Republikaner, einer, der an das Recht des Volkes, sein Schicksal selbst zu bestimmen, glaubte.

Der Italiener Pasquale Villari, einer der ersten Machiavelli-Biographen, lieferte diese äußerliche Personenbeschreibung: »Er war von mittlerer Größe, mager, mit sehr lebhaften Augen, einem etwas kleinen Kopf, einer leicht gebogenen Nase, einem stets zusammengepressten Mund: Alles machte den Eindruck eines sehr gewandten Beobachters und eines Denkers, doch nicht eines Achtung gebietenden und auf andere einwirkenden Mannes. Er konnte sich nicht leicht von seinem Sarkasmus frei machen, der stets um seine Lippen spielte, aus seinen Augen sprühte und ihm den Anschein eines berechnenden und nüchternen Kopfes gab.«

Ein Fürst, ein Herrscher, das war für Machiavelli nur das kleinere, notwendige Übel, das er in Kauf nehmen musste. Denn sein Land befand sich in einer Zeit chaotischer Auflösung. Italien wurde überschwemmt von französischen und spanischen Eroberern, in den Städten herrschten Aufruhr und Umsturz, wechselnde Regierungen und Mächte waren an der Tagesordnung. Auch der florentinische Staatssekretär Machiavelli geriet in den Strudel, wurde des Verrats angeklagt, verhaftet, gefoltert, schließlich aufs Land verbannt.

Warum schrieb Machiavelli, dessen anderes großes Werk ›Discorsi‹ für Anstand, Moral und Rücksichtnahme plädiert, ›Il Principe‹ als kalkulierte Handlungsanweisung für einen Autokraten? Zwei Motive lassen sich ausfindig machen: Machiavelli sehnte sich nach politischer Ordnung, und die herzustellen, traute er nur einem starken Herrscher zu. Das war sein politisches Motiv. Daneben hatte er ein persönliches: Durch seine Schrift wollte der in Ungnade Gefallene bei den regierenden Medici seine Reputation wiederherstellen, sich wieder für ein Staatsamt qualifizieren.

Daher die überschwängliche Zueignung des Buches an den »Großmächtigen Lorenzo, Sohn des Piero von Medici«, die vor Beginn des eigentlichen Textes steht (in unserer Ausgabe ans Ende des Buches versetzt). Doch die Medici reagierten nicht wie erhofft. Erst als nach dem Aufstand gegen die Führerclique der Medici am 16. Mai 1527 die Republik wieder ausgerufen wurde, konnte sich Machiavelli erneut um eine Sekretariatsstelle bewerben – wurde aber auf der Sitzung des Großen Rates am 10. Juni 1527 mit 555 gegen 12 Stimmen abgelehnt. Dieser Schlag traf ihn auch körperlich: Nur knapp zwei Wochen später, am 21. Juni 1527, starb er.

Die aktuelle Politik und Machiavelli: Schlimm ist, dass man damals wie heute die Herrschenden unsäglich schwer wieder von der ihnen verliehenen Macht trennen kann. Denn die inzestuösen Strukturen, die die Parteien geschaffen haben, lassen einem bei der Wahlen, der einzigen legitimen rechtsverbindlichen Einflussnahme des Bürgers, meist nur die Entscheidung zwischen Pest und Cholera. Und in der Zeit zwischen den Wahlen sind die Bürger sowieso entmündigt. Sie werden nicht gefragt, egal, wie gewichtig die Entscheidungen sind. Deshalb fehlt eigentlich als Gegengewicht eine ähnlich und brauchbare Handlungsanweisung für die Bürger: ›Wie der Souverän, das Volk, einen versagenden Herrscher aus dem Amt befördern kann‹. Leider hat uns Machiavelli so ein Buch nicht hinterlassen.

Fassen wir zusammen: Machiavellis Theorie für den Herrscher ist gut, sie funktioniert, aber es fehlt etwas: Es ist die, nun ja, nennen wir es Moral. Die Verantwortung des Herrschers, ein eigenes Versagen, ein eigenes Scheitern anzuerkennen. Einen Weg des Rückzugs. Doch das wäre radikal, dann hätte man ein völlig anderes Denken, ein völlig anderes System, wie Politik auch funktionieren kann. Und wie sie insbesondere heute, in Zeiten der Transparenz, der theoretisch möglichen hundertprozentigen Mitbestimmung der Bürger in allen Dingen, der sekundenschnellen Aufklärung von Verdunkelungen via Internet, sein könnte und sollte: Macht nicht um des Machterhalts, sondern Macht im Auftrag, im Sinne und zum Nutzen der Bürger, die man heute nicht mehr Untertanen nennt, die aber oft noch immer so behandelt werden.

Nun kann man überlegen, ob die Tatsache, dass Machiavellis Theoreme, heute, 500 Jahre später, in der Politik immer noch funktionieren, ein Beleg dafür ist, wie genial, allgemeingültig und weitsichtig sein Buch war. Oder ob es ein Armutszeugnis dafür ist, dass sich die Politik in ihren archaischen und primitiven Mechanismen seit 500 Jahren kaum weiterentwickelt hat. Wahrscheinlich beides. © *Armin Fischer, AuraBooks, 2019*

ERSTES KAPITEL:
Verschiedene Arten der Herrschaft,
und Wege, zu ihr zu gelangen

ALLE STAATEN UND GEWALTEN, welche Herrschaft über die Menschen gehabt haben und noch haben, sind Republiken oder Fürstentümer. Diese sind entweder ererbt, indem sie von dem Geschlecht des Herrschers schon lange regiert worden sind oder sie sind neu errichtet. Die neuen sind entweder von Grund aus neu, so wie die Herrschaft des Franz Sforza zu Mailand oder sie sind nur als Teile dem erblichen Staate dessen, der das Land erwirbt, hinzugefügt, wie z. B. das Königreich Neapel dem Könige von Spanien gehört. Die neu erworbenen Staaten sind entweder schon früher an die Herrschaft gewöhnt gewesen oder die Freiheit ist in ihnen hergebracht. Sie werden erworben: Durch fremde Gewalt oder durch eigene Kräfte, durch Glück oder durch Tapferkeit.

ZWEITES KAPITEL:
Von den erblichen Fürstentümern

VON REPUBLIKEN will ich nicht reden, weil dies von mir bereits in einem anderen Werke ausführlich geschehen ist. Ich wende mich zur Alleinherrschaft und werde nach der oben angegebenen Ordnung erörtern, wie solche erworben und behauptet werden kann. Ich sage also, dass in den erblichen Fürstentümern, die an die Dynastie ihrer Herren gewöhnt sind, viel weniger Schwierigkeiten entstehen, sie zu erhalten und zu behaupten, als bei neuen, weil es nur darauf ankommt, die Verhältnisse, so wie sie unter den Vorfahren waren, nicht zu verändern, und bei allen Problemfällen in die Erfahrung zu sehen.

Ein solcher Herrscher wird sich also stets auf dem Throne halten, es sei denn, dass ganz ungewöhnliche und außerordentliche äußere Gewalt ihn desselben beraube. Und wird er der Herrschaft beraubt, so vermag er sie wieder zu erlangen, sobald dem, der sie ergriffen hat, etwas Widriges begegnet. Wir haben in Italien ein

Beispiel an dem Herzog von Ferrara, der den Venezianern im Jahre 1484 und darauf dem Papst Julius dem Zweiten durch nichts anderes Widerstand geleistet hat, als durch seine in langer Zeit fest begründete Herrschaft. Denn der angeborene Herrscher hat weniger Veranlassung und ist selten in der Notwendigkeit, zu unterdrücken. Er ist daher mehr beliebt, und es ist natürlich, dass die Seinigen ihm wohlwollen, wenn er sich nicht durch außerordentliche Repression verhasst macht. In der Länge der Zeit einer fortgesetzten Herrschaft wird die Veranlassung und die Erinnerung der Neuerungen vergessen, wohingegen *eine* Neuerung immer durch sich selbst die Veranlassung zu anderen nachfolgenden zurücklässt.

DRITTES KAPITEL:
Von den gemischten Reichsgebieten

ABER DIE NEUEN REICHE sind ganz anderen Schwierigkeiten unterworfen. Und zwar erstens, wenn nicht das ganze Reich neu ist, sondern nur ein Teil davon, und es also ein vermischtes Reich genannt werden könnte, so entstehen gewaltsame Veränderungen aus natürlicher Schwierigkeit, welche allen neuen Reichsgebieten gemein ist, und daher rühren, dass die Menschen gern ihren Herrn verändern, in Hoffnung, dass es besser werden könne, und darum zu den Waffen greifen. Darin aber irren sie, indem sie bald erfahren, dass es schlimmer wird. Und das liegt wieder in der Natur der Dinge: Weil der neue Herr seine Untertanen mit Soldaten und auf manche andere Art zu unterdrücken genötigt ist, bloß weil die Herrschaft jung ist.

Du wirst also alle diejenigen zu Feinden haben, die du durch die Eroberung selbst beleidigt hast, ohne diejenigen, durch deren Hilfe du Herr geworden bist, zu Freunden zu behalten, weil du sie nicht nach ihren Wünschen befriedigen kannst, und auch keine kräftigen Hilfsmittel anwenden darfst, wegen der Dankbarkeit, die du ihnen schuldig bist. Denn auch der Mächtigste bedarf der Begünstigung von Einheimischen, um in das Land einzudringen. Aus dieser

Ursache hat Ludwig der Zwölfte von Frankreich Mailand so geschwind erobert – und so geschwind wieder verloren.

Das erste Mal war die eigene Kraft des vertriebenen Herzogs Ludwig Sforza hinreichend, weil das Volk, das jenen eingeführt hatte und sich in seiner Hoffnung getäuscht fand, den Widerwillen gegen die neue Herrschaft nicht ertragen mochte. Es ist wahr, dass so zum zweiten Male eroberte Länder nicht wieder so leicht verloren gehen, weil der Führer angesichts der Rebellion Veranlassung nimmt, sich durch strenge Maßregeln zu sichern, Verbrecher zu strafen, Verdacht aufzuklären und an den schwachen Stellen Vorkehrungen zu treffen. Wenn es, um Mailand den Franzosen zu entreißen, das erste Mal hinreichend war, dass ein Herzog Ludwig an der Grenze Rumor anfing, so musste sich zum zweiten Male die ganze Welt dagegen vereinigen, um die französischen Heer zu vernichten oder zu vertreiben. Die Ursachen sind oben angegeben. Dennoch verlor Frankreich das mailändische Gebiet zum zweiten Mal. Die allgemeinen Veranlassungen der ersten Begebenheit sind erzählt; es bleibt also noch übrig, die Ursachen der zweiten zu betrachten und die Mittel anzugeben, wie man sich in solcher Lage besser behaupten kann, als es der König von Frankreich getan hat.

Ich sage nun, dass solche Provinzen, welche erobert und mit den alten Staaten des Eroberers verbunden werden, entweder zu demselben Lande gehören und dieselbe Sprache reden, oder nicht. In dem ersten Falle ist es sehr leicht, sie festzuhalten, vorzüglich, wenn sie nicht an Unabhängigkeit gewöhnt gewesen sind. Um sie mit Sicherheit zu beherrschen, ist es hinreichend, die Familie ihrer vorigen Beherrscher auszurotten; denn weil die Einwohner ihre alten Gewohnheiten und Verhältnisse beibehalten, auch übrigens gleiche Sitten mit ihren neuen Mituntertanen haben, so leben sie ruhig; wie man es in der Bretagne, Gascogne, Normandie gesehen hat, welche schon lange mit Frankreich verbunden sind. Wenngleich zwischen diesen Provinzen und dem übrigen Frankreich in der Sprache geringer Unterschied ist, so kommen doch die Sitten überein, und daher vertragen sie sich leicht miteinander. Wer solche Provinzen erobert hat und sie behalten will, muss auf zwei Dinge Rücksicht nehmen.

Erstens: Die Familie der vorigen Regenten zu auszulöschen. Zweitens: Die alten Gesetze und Verfassungen nicht abzuändern: So werden alte und neue Staaten baldmöglichst zu einem Ganzen zusammenschmelzen. Aber wenn Provinzen eines Landes erobert werden, das an Sprache, Sitten, Verfassung verschieden ist, so entstehen Schwierigkeiten und es gehört viel Glück und große Bemühung dazu, sie zu behalten. Eines der kräftigsten Mittel ist, dass der Eroberer selbst sich hinbegebe, um daselbst seinen Wohnsitz aufzuschlagen. Dadurch wird der Besitz gesichert und dauerhaft. So haben es die Türken mit dem griechischen Reiche gemacht, welches sie trotz aller anderen angewandten Bemühungen nicht hätten behaupten können, wenn sie nicht die Residenz in Konstantinopel genommen hätten. Denn wenn der Regent sich selbst da befindet, so sieht er alle Unordnungen in ihrer Entstehung und kann geschwind abhelfen. Ist er nicht gegenwärtig, so vernimmt er sie erst, wenn sie schon sehr angewachsen sind und keine Hilfe mehr möglich ist. Außerdem wird das Land nicht von den Beamten des Regenten ausgeplündert: Es beruhigt die Einwohner, zu ihm selbst seine Zuflucht nehmen zu können. Ist er gut, so wird er geliebt; wo nicht, so wird er doch gefürchtet. Fremde, die den Staat angreifen möchten, haben mehr Rücksicht zu nehmen. Solange der Regent da wohnt, ist es schwer, ihn dessen zu berauben.

Das zweite vorzügliche Mittel ist, Kolonien an einen oder zwei Orte zu senden, die Schlüssel des Landes sind. Dies ist notwendig. Wer es unterlässt, muss wenigstens hinreichende Kriegsmacht daselbst halten. Die Kolonien kosten den Herrscher nicht viel. Er besetzt sie ohne vielen Aufwand und schadet nur denjenigen, die von Haus und Hof vertrieben werden, um neuen Bewohnern Platz zu machen. Dies ist immer nur der kleinere Teil. Diese Beleidigten leben zerstreut und sind arm: Sie können wenig schaden, und alle übrigen werden leicht beruhigt, oder sie fürchten sich, dass es ihnen so ergehen möchte wie jenen, wenn sie sich rührten. Wohl zu merken ist, dass die Menschen entweder zur Ruhe geschmeichelt oder vernichtet werden müssen. Denn wegen geringer Beleidigungen rächen sie sich; wegen großer vermögen sie das nicht. Jede Verletzung muss also so zugefügt werden, dass keine Rache zu besorgen ist. Wird statt der Kolonien Besatzung gehalten, so kostet das so viel, dass die Einkünfte des neuen Staats draufgehen. Die Eroberung schlägt also zum Schaden aus und verletzt weit mehr, weil sie den ganzen neuen Staat trifft. Jeder fühlt die Last der Besatzung, und jeder wird Feind; diese Feinde aber bleiben, wenn sie geschlagen sind, in ihren eigenen Wohnungen. Nach allen Seiten also ist diese Besatzung schädlich. Die Kolonien hingegen sind nützlich. Ferner muss der Herr einer solchen für sich bestehenden abgesonderten Provinz sich zum Oberhaupt und Beschützer der schwächeren Nachbarn machen und die Mächtigen unter ihnen zu schwächen suchen. Vor allen Dingen aber verhindern, dass kein anderer Fremder, der so mächtig wäre als er selbst, hereindringt. Solche werden immer von Unzufriedenen, aus Ehrgeiz oder aus Furcht hereingelassen.

Man hat einst gesehen, dass die Römer durch die Ätolier nach Griechenland gelassen wurden. Ebenso sind sie in alle Länder, in die sie gedrungen, durch die Einwohner hereingerufen. Die Regel ist also: Sobald ein Fremder in einem Lande Fuß fasst, so hängen sich alle Mindermächtigen in demselben an ihn, aus Neid gegen denjenigen, der im Lande selbst der Mächtigste war. Gegen jene Mindermächtigen ist also nur wenig zu tun. Sie sind leicht gewonnen, und machen gemeinschaftliche Sache mit dem neu eingedrungenen. Dieser hat nur zu sorgen, dass jene nicht mächtiger werden; und er kann leicht diejenigen, welche das Haupt emporheben, niederdrücken, und also selbst die Oberhand behalten. Wer diese Verhältnisse nicht gut zu regieren weiß, verliert seine Eroberung, und hat unendliche Mühe und Verdruss, so lange er sie behält. Die Römer führten ihre Sache in den eroberten Provinzen sehr gut, sandten Kolonien hin, unterstützten die Schwachen, ohne sie zu stark werden zu lassen, demütigten die Mächtigen und ließen das Ansehen mächtiger Fremder nicht aufkommen. Auch Griechenland dient hinlänglich zum Beispiel. Sie hielten die Achäer und Ätolier aufrecht, sie erniedrigten die Könige von Makedonien, vertrieben den Antiochus. Achäer und Ätolier konnten durch alle ihre Verdienste um sie, doch nicht die

Erlaubnis auswirken, irgend einen Staat mit sich zu verbinden. Durch alle Schmeicheleien des Philipp ließen sie sich nicht verleiten, seine Freunde zu sein, ohne ihn niederzuhalten; Antiochus konnte mit all seiner Macht nicht bewirken, dass sie ihm zugestanden hätten, in Griechenland festen Fuß zu fassen.

Die Römer taten in diesen Fällen, was alle vorsichtigen Regenten tun müssen, welche nicht allein auf die gegenwärtigen, sondern auch auf die künftigen Unruhen achten und diesen begegnen. Was man von Ferne kommen sieht, dem ist leicht abzuhelfen. Wenn man aber wartet, bis das Übel da ist, so kommt die Arznei zu spät und es geht, wie die Ärzte von der Lungensucht sagen: Dass sie zu Anfang leicht zu heilen, aber schwer zu erkennen; wenn sie aber im Anfange verkannt worden, in der Folge leicht zu erkennen und schwer zu heilen sei.

Ebenso geht es dem Staate. Auch in ihm sind die Übel, die man von fern erkennt (das vermag aber nur der, welcher Verstand hat), leicht und geschwind geheilt; hat man sie aber so weit anwachsen lassen, dass jeder sie erkennt, so ist kein Mittel mehr dagegen zu finden. Die Römer also sahen die Verlegenheiten, ehe sie entstanden, von Ferne, und ließen sie nicht näher kommen, um einen Krieg für den Augenblick zu vermeiden. Denn sie wussten, dass man einem Kriege nicht so entgeht, wohl aber nur zum Vorteile des Gegners aufschiebt. Sie beschlossen also mit Philipp und Antiochus in Griechenland Krieg zu führen, um ihn nicht in Italien selbst bestehen zu müssen. Sie konnten ihn zu der Zeit wohl vermeiden, aber es gefiel ihnen nicht, was die Weisen unserer Zeit im Munde führen: Zeit gewonnen, alles gewonnen. Sie verließen sich vielmehr auf ihre Tapferkeit und Klugheit. Denn die Zeit treibt alles vor sich her, Gutes wie Schlimmes; Schlimmes führt sie aber auch eben so leicht herbei als Gutes.

Jetzt wende ich mich zu Frankreich und will untersuchen, ob es eine ähnliche Politik erfahren habe, und zwar rede ich von Ludwig dem Zwölften, und nicht von Karl dem Achten, weil jener sich länger in Italien gehalten hat, und der Gang seiner Unternehmungen daher klarer vor Augen liegt. Wir werden also sehen, wie er das Gegenteil von allem getan hat, was geschehen muss, um in einem fremden Lande Provinzen zu behaupten. Ludwig der Zwölfte ward in Italien durch den Ehrgeiz der Venezianer eingeführt, welche die Hälfte von Mailand dadurch zu erwerben hofften.

Ich will diese seine Unternehmung nicht tadeln, denn da er einmal in Italien Fuß fassen wollte, und wegen des Betragens seines Vorfahren, Karl des Achten, keine Freunde in diesem Lande hatte, so musste er wohl die Verbindungen knüpfen, die sich anboten. Und die Sache wäre auch gelungen, wenn er keinen anderweitigen Fehler gemacht hätte. Sowie der König die Lombardei eroberte, ward der Ruf, den Karl verloren hatte, bald wieder gewonnen. Genua fiel, und die Florentiner traten auf seine Seite. Alles kam ihm entgegen, der Marchese von Mantua, der Herzog von Ferrara, Bentivoglio (welcher Bologna inne hatte), die Dame von Forli, die Herren von Faenza, von Pesaro, von Rimini, von Camerino, von Piombino, die Republiken Lucca, Pisa, Siena. Alles warb um seine Freundschaft. Und nun konnten die Venezianer schon einsehen, wie unüberlegt sie gehandelt hatten, als sie, um selbst zwei Städte zu erlangen, ihn zum Herrn von zwei Dritteln von Italien gemacht hatten.

Jeder kann sehen, wie leicht es dem König gewesen wäre, sein Ansehen in Italien zu behaupten, wenn er die erwähnten Grundsätze befolgt und dem großen Haufen seiner Freunde durch seinen Schutz Sicherheit gewährt hatte. Die große Zahl derselben musste ihm wohl anhängen, denn sie waren insgesamt schwach und fürchteten, einige den Heiligen Stuhl, andere die Venezianer. Durch sie aber konnte er wieder alles, was noch groß und mächtig im Lande war, im Zaume halten. Kaum aber war er Herr von Mailand, so tat er das Gegenteil, indem er dem Papst Alexander den Sechsten zur Herrschaft in der Provinz Romagna verhalf. Er bemerkte nicht, dass er durch dieses Zugeständnis sich selbst Freunde und Anhänger nahm und den Papst erhob, da er diesem zu seinem so kräftigen geistlichen Ansehen noch so viel weltliche Macht gab. Dieser erste Fehler zog andere nach sich, sodass er am Ende selbst nach Italien kommen musste, um der Macht Alexanders Grenzen zu setzen und zu verhüten, dass dieser nicht Herr von Toscana werde.

Nicht genug, dass er den Papst auf seine eigenen Unkosten groß gemacht hatte. Aus Begierde, das Königreich Neapel zu erlangen, teilte er es mit dem König von Spanien. Das Schicksal von Italien war bis dahin ausschließlich in seinen Händen. Hiermit aber gab er sich selbst einen Genossen, an den alle, die mit ihm unzufrieden waren, sich wenden konnten. Statt in jenem Reich einen König zu lassen, der von ihm abhängig gewesen wäre, zog er einen hinein, der ihn selbst daraus vertreiben konnte. Sie ist in der Tat eine natürliche und gewöhnliche Sache, die Begierde zu Eroberungen. Und die Menschen werden immer gelobt und nicht getadelt, die so etwas unternehmen, wenn sie es ausführen. Wenn sie das aber nicht vermögen und doch unternehmen, es koste was es wolle, da liegt der Fehler und darüber werden sie getadelt. Konnte Frankreich Neapel mit eigenen Kräften angreifen, so mochte es dies tun, konnte es das nicht, so musste es das Land nicht teilen.

Und wenn die Teilung der Lombardei mit den Venezianern zu billigen war, weil man dieser Maßregel den Eingang in Italien verdankte, so verdient jene zweite Teilung Tadel, weil sie nicht notwendig war. Ludwig beging also fünf Fehler. Er vernichtete die Mindermächtigen, vermehrte die Macht eines Mächtigen, rief einen sehr mächtigen Fremden herein, schlug selbst seinen Wohnsitz nicht im Lande auf und führte keine Kolonien ein. Bei seinem eigenen Leben hätten trotzdem diese fünf Fehler nicht geschadet, wenn nicht der sechste hinzugekommen wäre, die Venezianer zu schwächen. Hätte er nicht den päpstlichen Stuhl so mächtig gemacht und die Spanier nicht hereingerufen, so war es vernünftig und notwendig, die Venezianer zu erniedrigen. Aber nachdem in jenes Erstere eingewilligt worden war, durfte das Letztere nicht geschehen, denn solange die Venezianer mächtig waren, hätten sie immer die anderen abgehalten, die Lombardei anzufallen. Sie hätten darin nie unter anderer Bedingung eingewilligt, als dass das Land ihnen selbst überliefert würde; die anderen hätten es aber nie den Franzosen nehmen mögen, um es den Venezianern zu geben; und beide zugleich zu bekriegen, hätte man nicht gewagt. Wendet man ein, König Ludwig habe dem Papst Alexander die Romagna, und Neapel den Spaniern zugestanden, um einen Krieg zu vermeiden, so antwortete ich: Man muss aus den Gründen, die oben bereits angegeben wurden, niemals ein übles Verhältnis einreißen lassen, um einen Krieg zu vermeiden; denn er wird gar nicht vermieden, sondern nur zu deinem Nachteil aufgeschoben.

Sollte man mir aber etwa das Wort entgegensetzen, das der König dem Papst gegeben hatte, dass er ihm die Unternehmung auf die Romagna gestatten wolle, zum Lohn für die Einwilligung in Ludwigs Ehescheidung und für den erbetenen Kardinalshut des Erzbischofs von Rouen, so berufe ich mich auf das, was ich hiernächst über Treu und Glauben der Fürsten sagen werde und über die Art, wie sie Wort halten müssen. König Ludwig hat also die Lombardei verloren, weil er nichts vom allem beachtet hat; wodurch andere Länder erobert und behalten haben. Und so ist es gar nicht zu verwundern, sondern vielmehr sehr begreiflich und natürlich.

Ich sprach darüber zu Nantes mit dem Kardinal d'Amboise, Erzbischof von Rouen, als der Herzog von Valentinois (wie der Cäsar Borgia, Sohn des Papstes Alexanders des Sechsten, gewöhnlich genannt zu werden pflegte), sich zum Herrn von der Romagna machte. Der Kardinal warf mir vor, die Italiener verständen sich nicht auf den Krieg. Ich erwiderte ihm aber, die Franzosen verständen sich nicht auf die Politik, sonst würden sie den Heiligen Stuhl nicht so mächtig werden lassen. Die Erfahrung hat es bewiesen. Frankreich hat den Papst und die Spanier in Italien groß gemacht und hat es selbst darüber verloren. Hieraus ist eine allgemeine Regel zu ziehen, die niemals oder doch selten trügt: Derjenige, der einen anderen groß macht, geht selbst zu Grunde. Denn es kann von ihm nur durch zwei Dinge bewerkstelligt werden: Durch kluge Bemühung oder durch Gewalt, und beides ist dem, der mächtig geworden ist, verdächtig.

VIERTES KAPITEL:
Warum das Reich des Darius nach Alexanders Tod sich nicht gegen dessen Nachfolger erhob

IN BETRACHT DER SCHWIERIGKEITEN, die eines neu erworbenen Staates Erhaltung kostet, könnte man sich vielleicht wundern, woher es kam, dass Alexander der Große in wenigen Jahren von Asien Herr ward und starb, kaum dass er es bezwungen hatte. Worauf dieses ganzen Staates Zerfall notwendig schien erfolgen zu müssen; dennoch behaupteten sich seine Nachfolger, und die Erhaltung des Reichs kostete sich kein großen Mühen, als welche unter ihnen selbst aus ihrem eigenen Ehrgeiz entsprangen.

Hierauf erwidere ich: Die Fürstentümer, soweit die Geschichte sie kennenlernte, sehen wir auf zweierlei Art verwalten: Entweder durch einen Fürsten und alle die anderen seine Knechte, welche als Diener durch seine Gnade und verliehenen Gewalt, das Reich ihm verwalten helfen. Oder durch einen Fürsten und Edle, welche nicht durch des Fürsten Gnade, sondern durch Altertum des Blutes auf dieser Stufe sich behaupten. Solche Edle haben wieder selbst Staaten und eigene Untergebene, die sie als Herren anerkennen und ihnen von Natur zugetan sind. Die Staaten, welche durch einen Fürsten und seine Helfer regiert werden, deren Fürst ein größeres Ansehen hat, weil niemand in seinem ganzen Gebiet ein Oberhaupt außer ihm anerkennt, und wenn er doch einem anderen gehorsam wird, so geschieht es ihm als Beamten und Diener; man hegt nicht besondere Liebe zu ihm.

Die Beispiele dieser beiden Regierungen zu unserer Zeit sind der Türke und der König von Frankreich. Des Türken ganze Monarchie wird von einem einzigen Herren beherrscht; die anderen sind seine Knechte. Er teilt sein Reich in Sandschaks[1] ab, wohin er verschiedene Verwalter schickt, und diese versetzt und löst er ab, so wie es ihm gelegen ist. Dagegen ist der König von Frankreich inmitten einer alten Schar von Herren gestellt, die

---

[1] *Sandschak: Verwaltungseinheiten im Osmanischen Reich*

anerkannt und geliebt sind von ihren Untertanen. Sie haben ihre Vorrechte. Der König kann ihnen diese Rechte nicht ohne Gefahr entreißen. Wer mithin den einen wie den anderen dieser Staaten ins Auge fasst, wird finden, dass die große Schwierigkeit beim Türkenstaat in der Erwerbung liegt. Ist er aber einmal erst bezwungen, behauptet man sich gar leicht darin. Die Gründe, warum das Reich der Türken schwierig zu okkupieren ist: Der Okkupierende kann nicht von dem Herrscher dieses Reiches gerufen werden, noch darf er hoffen, durch den Aufstand der Benachbarten sein Unternehmen zu erleichtern. Was in den obigen Ursachen liegt, weil sie als lauter verpflichtete Abhängige schwieriger zu bestechen sind, und wenn sie auch schon bestochen würden, doch wenig Nutzen daraus erwächst, weil diese aus oben gegebenen Gründen das Volk nicht nach sich ziehen können. Sodass, wer den Türken angreifen will, ihn vereinigt zu treffen bedacht sein muss und mehr der eigenen Kraft als den Unordnungen anderer trauen sollte.

Hat er ihn aber erst einmal besiegt und im offenen Felde so geschlagen, dass er kein Volk wieder sammeln kann, dann hat er sich vor nichts zu hüten als vor dem Stamme des Herrschers selbst. Nach dessen Ausrottung bleibt ihm nichts zu Fürchtendes mehr übrig, weil die anderen kein Ansehen beim Volk haben. Und, wie der Sieger *vor* dem Siege von ihnen nichts zu hoffen hatte, so braucht er sie *nach* ihm nicht zu fürchten. Das Gegenteil ist es mit Staaten, die wie der Französische verfasst sind, denn in solche kannst du mit Leichtigkeit kommen, sobald du irgendeinen Großen des Reichs dir gewonnen hast, da immer Unzufriedene sich finden und solche, die nach Neuerung streben. Diese können aus obigen Gründen dir in das Land den Weg eröffnen und den Sieg erleichtern. Dem aber danach, wenn du dich festsetzen willst, unendliche Schwierigkeiten folgen, sowohl mit denen, die dir geholfen, als mit den von dir Unterjochten und du hast nicht genug getan, wenn du den Stamm des Herrschers vertilgt hast, so lange jene Großen bleiben, die sich zu Häuptern neuer Veränderungen aufwerfen. Und wenn du sie weder zufrieden stellen noch aus dem Wege schaffen kannst, verlierst du einen solchen Staat, sobald sich dazu die Gelegenheit bietet.

Fragt ihr nun, zu welcherlei Art von Verfassungen die des Darius gehörte, so werdet ihr sie dem Fürstlichen Reiche ähnlich finden, und darum war es wichtig, dass Alexander ihn gleich zu Anfang gänzlich zersprengte und ihn auf offenem Felde schlug, nach welchem Sieg und Tod des Darius dieses Reich, aus oben erörterten Gründen, dem Alexander sicher verblieb. Und auch seine Nachfolger, wären sie einig zusammen gewesen, konnten sich ruhig und sicher desselben erfreuen. Denn es entstand dort kein anderer Tumult, als den sie sich selbst verdankten. Staaten hingegen wie Frankreich geordnet, kann man unmöglich so ruhig besitzen. Daher auch die vielen Aufstände Spaniens, Frankreichs und Griechenlands unter den Römern, wegen den vielen Fürstentümern, die es in jenen Reichen gab, deren solang das Gedächtnis bestand, die Römer ihres Besitzes nie gewiss sein konnten. Aber nachdem das Gedächtnis davon mit der Macht und Dauer des Reiches erst erloschen war, wurden sie sichere Besitzer derselben und konnten den Besitz nachher, nachdem sie sich untereinander bekämpften, wieder auf ihre Seite ziehen. Jeder den Teil von jenen Provinzen, in welchem sie ihr Ansehen erlangten, eben weil sie, nach Untergang des Stammes ihrer alten Herren, niemand außer den Römern anerkannten.

Alles dieses zusammen erwogen, wird sich wohl schwerlich jemand wundern, dass es dem Alexander so leicht ward, das Asiatische Reich zu behaupten. Andern dagegen fiel es schwer, sich ihr Erworbenes zu bewahren, so wie dem Pyrrhus und vielen anderen. Wobei der Grund nicht in des Siegers größerer oder minderer Macht lag, sondern in der Verschiedenheit der von ihm Überwältigten.

FÜNFTES KAPITEL:

Wie Städte oder Fürstentümer zu behandeln sind, die vor der Eroberung ihre eigene Verfassung hatten

WENN STAATEN, welche erobert wurden, wie wir angenommen haben, gewohnt gewesen sind, nach eigenen Gesetzen und in Unabhängigkeit zu leben, so gibt es drei Wege, sie zu behandeln. Der erste ist, sie zu Grunde zu richten; der zweite, dass der Herrscher seinen Wohnsitz daselbst aufschlage; der dritte, sie unter ihren eigenen Gesetzen fortleben zu lassen, sich mit einer jährlichen Steuer zu begnügen und die Regierung einer Oligarchie zu übergeben, vermittelst dieser das Land in Unterwürfigkeit erhalten werde. Denn eine solche Regierung weiß wohl, dass sie sich nicht ohne Unterstützung ihres Schöpfers halten kann, und muss alles tun, um ihm die Herrschaft zu sichern. Eine Stadt, die gewohnt gewesen ist, frei zu leben, wird am leichtesten durch ihre eigenen Bürger im Gehorsam erhalten.

Als Beispiele können hier die Spartaner und die Römer dienen. Die Spartaner hatten Athen und Theben inne, übergaben die Herrschaft derselben einigen Wenigen und verloren ihre Eroberung trotzdem. Die Römer zerstörten Capua, Carthago, Numantia und behaupteten sich daselbst. Sie versuchten es, Griechenland so zu beherrschen, wie die Spartaner es gemacht hatten, indem sie die Freiheit proklamierten und die einheimischen Gesetze bestehen ließen – und es misslang; sodass sie gezwungen wurden, viele Städte im Lande zu zerstören, um die Herrschaft in demselben zu behaupten.

Denn es gibt in der Tat kein sicheres Mittel dazu, als zu zerstören. Und wer sich zum Herrn einer Stadt macht, die gewohnt gewesen ist, in Freiheit zu leben, und sie nicht ganz auflöst, mag nur erwarten, selbst von ihr zu Grunde gerichtet zu werden. Denn der Name der Freiheit dient immer zum Vorwand des Aufstandes, und die alte Staatsverfassung wird weder über der Länge der Zeit noch über Wohltaten vergessen. Was man aber auch immer für Vorkehrungen treffen mag, so kommen, wenn die Einwohner nicht getrennt und zerstreut werden, immer der alte Name und die alte Verfassung wieder zum Vorschein, so wie in Pisa nach so langen Jahren, die es unter der Herrschaft von Florenz gestanden hatte.

Sind aber Städte oder Länder gewohnt gewesen, unter einem Herrscher zu leben, und dieser ist ihnen genommen und sein Geschlecht verlöscht, sind sie also gewohnt einen Herrscher zu haben und haben doch keinen alten, so vertragen sie sich nicht darin, Einen aus ihrer Mitte zu erheben; frei leben aber können sie gar nicht. Sie ergreifen also die Waffen nicht so leicht, und ein Herrscher bemächtigt sich ihrer ohne Mühe und behält sie auch leicht im Gehorsam. Aber die Republiken bergen mehr Hass und das Andenken an die verlorene Freiheit. Man zerstört sie also am sichersten oder man wählt sie zur Residenz.

SECHSTES KAPITEL:
Von neuen Territorien, die durch eigene Waffen und Tapferkeit errungen werden

NIEMAND WUNDERE SICH, wenn ich bei allem, was ich von ganz neuen Herrschaften und von Regenten und Staaten überhaupt sagen werde, große Beispiele anführe. Denn da die Menschen fast immer in gebahnten Wegen gehen und in ihren Handlungen andere nachahmen, so muss bei allem Unvermögen, denen gleich zu kommen, die man nachahmt, ein Mann von Geist doch immer sich die edelsten Muster vorsetzen, damit er wenigstens, wenn seine Tugenden gleich das Ziel nicht erreichen, doch einigen Wohlgeruch von sich gebe. Er muss es machen wie kluge Schützen, die erkennen, dass das Ziel zu weit entfernt und der Bogen zu schwach sei, und deswegen die Richtung höher nehmen, nicht um durch Anstrengung bis dahin zu gelangen, sondern um dadurch das Ziel wenigstens zu erreichen.

Ich sage also, dass ein neuer Herrscher mehr oder weniger Schwierigkeit findet, sich in der Herrschaft zu behaupten, je nachdem er mehr oder weniger Geisteskräfte besitzt. Und da sowohl Tapferkeit als auch Glück einen Privatmann auf den Fürstenstuhl erheben, so können auch die Schwierigkeiten in der Behauptung der neuen Würde auf beiderlei Art vermieden oder vermindert werden. Oft hat der sich am längsten erhalten, der doch das wenigste Glück hatte. Es wird das Geschäft auch oft dadurch erleichtert, wenn der gänzliche Mangel anderer Staaten den Herrscher nötigt, in seinem neuen Gebiet zu wohnen.

Aber um auf die zu kommen, welche durch eigene Tapferkeit mehr als durch Glück auf einen Thron erhoben sind, so sage ich, dass Moses, Cyrus, Romulus, Theseus und ähnliche die vorzüglichsten gewesen sind. Von Moses ist hier nicht viel zu sagen, weil er nur ausführte, was ihm von Gott aufgetragen war, und er also nur deswegen bewundert zu werden verdient, weil Gott ihn seiner Aufträge würdigte. Wenn wir aber den Cyrus und andere, die neue Herrschaften gegründet haben, betrachten, so finden wir sie selbst wirklich bewunderungswert: Auch sind sie wenig in ihrer Handlungsweise von Moses verschieden, dem göttliche Belehrung zustatten kam.

Wenn man ihr Leben und ihre Handlungen untersucht, so finden wir, dass sie dem Glück wenig mehr als die Gelegenheit verdankten, das auszuführen, was sie ausgedacht hatten. Wenn die Gelegenheit gefehlt hätte, so wäre die Kraft ihres Geistes verhaucht: Hätte es aber an dieser gefehlt, so wäre die Gelegenheit vergeblich da gewesen. So musste Moses das israelitische Volk in ägyptischer Sklaverei finden, damit es bereit sei, ihm zu folgen. Romulus musste ausgesetzt werden, um den Gedanken zu fassen, Rom zu gründen und König zu werden. Cyrus musste die Perser mit der medischen Herrschaft unzufrieden, und die Meder durch den langen Frieden weichlich und weibisch finden. Theseus konnte seinen Geist nicht beweisen, wenn er die Athenienser nicht zerstreut vorfand. Diese Gelegenheiten haben jene großen Männer glücklich gemacht: Durch die Größe ihres Geistes aber erkannten sie die Gelegenheit, und dadurch ward ihr Vaterland glücklich und berühmt. Diejenigen, welche durch ähnliche Kraft Herrscher werden, haben Schwierigkeiten zu überwinden, um die Herrschaft zu erlangen, behaupten diese aber sehr leicht.

Die Schwierigkeiten, die sie zu überwinden haben, entstehen zum Teil von den neuen Einrichtungen, die sie genötigt sind einzuführen, um die neue Verfassung und ihre eigene Sicherheit zu begründen. Dabei muss man erwägen, dass es gar keine Sache von größerer Schwierigkeit und von zweifelhafterem Erfolg gibt, als sich zum Haupt einer neuen Staatsverfassung aufzuwerfen. Denn alle die, welche sich in der alten Ordnung der Dinge wohl befanden, sind der neuen feindlich. Und diese hat nur laue Verteidiger an denen, welche dabei zu gewinnen hoffen: teils, wegen der Furcht vor den Gegnern, welche die Gesetze für sich haben; teils, weil die Menschen von Natur misstrauisch sind und an eine neue Sache nicht glauben, bis sie sie wirklich klar vor sich sehen. Daher kommt es, dass diejenigen, die der neuen Ordnung feindlich sind, sie bei jeder Gelegenheit teilweise angreifen, die Freunde derselben sie aber mit solcher Lauheit verteidigen, dass das Oberhaupt samt ihnen in Gefahr geraten kann. Um hier ein richtiges Urteil zu fällen, muss man wohl untersuchen, ob die Neuerer auf eigenen Füßen stehen oder von anderen abhängen; ob sie mithin ihr Unternehmen mittels guter Worte oder durch Gewalt durchsetzen können.

Im ersten Fall geht es ihnen stets schlecht, und sie gelangen zu nichts. Wenn sie aber auf eigenen Füßen stehen und durch eigene Kräfte mit Gewalt durchsetzen können, so misslingt es selten. Daher haben alle bewaffneten Propheten den Sieg davongetragen. Die Unbewaffneten aber sind zu Grunde gegangen, denn zu jenen Ursachen kommt noch der Wankelmut des Volks hinzu, welches sich leicht etwas einreden lässt, aber sehr schwer dabei festzuhalten ist. Und der Plan muss so angelegt sein, dass, wenn sie aufhören zu glauben, man sie mit Gewalt dazu anhalten kann. Moses, Cyrus, Theseus, Romulus hätten ihre Anordnungen nicht lange aufrechterhalten können, wenn sie nicht Gewalt der Waffen hätten gebrauchen können, so wie es zu unsern Zeiten dem Fra Girolamo Savonarola gegangen ist, der mit samt seiner neuen Staats-verfassung zu Grunde ging, als das Volk aufhörte ihm zu glauben und er keine Mittel hatte, seine Jünger beim Glauben festzuhalten und die Ungläubigen zu überführen. Solche haben daher große Schwierigkeiten zu überwinden und müssen dies Abenteuer durch ihre eigene Tapferkeit bestehen. Sobald sie aber gesiegt haben und anfangen hohes Ansehen zu erlangen, ihre Neider daneben aus dem Wege geschafft sind, so bleiben sie mächtig, sicher, geehrt und glücklich.

So großen Beispielen will ich noch eins hinzufügen, das zwar geringer ist, aber doch damit verglichen werden kann und statt aller anderen, ähnlichen dienen soll. Dies sei Hiero von Syracus. Er ward aus einem Privatmann Fürst von Syracus, und das Glück hatte keinen weiteren Anteil daran, als dass es die Gelegenheit herbeiführte. Denn die Syracusaner, welche unterdrückt waren, wählten ihn zu ihrem Anführer und in dieser Stelle erwarb er sich durch Verdienste die fürstliche Würde. Seine Eigenschaften waren so edel, dass von ihm erzählt wird, es habe schon als Privatmann ihm nichts zum Herrschen gefehlt, als die wirkliche Herrschaft selbst. Er löste die alte Armee auf und schuf eine neue, verließ seine alten Verbindungen und knüpfte neue an. Zahlreiche Freunde und Krieger hingen ihm an, mit deren Hilfe er jede Verfassung einrichten konnte. Also, dass er zwar viele Mühe hatte aufwenden müssen, um zu erwerben, aber nur wenig, um das Erworbene zu behaupten.

SIEBTES KAPITEL:

Von neuen Territorien, die durch fremde Unterstützung und durch Glücksfälle erworben werden

DIEJENIGEN, welche durch bloßes Glück Herrscher werden, gelangen dazu ohne sonderliche Mühe; aber sich auf dem Throne zu erhalten, wird ihnen schwer. Auf dem Wege fanden sie keine Schwierigkeiten, denn sie wurden hinaufgehoben, aber wenn sie oben sind, so beginnen jene. Dieses trifft diejenigen, welche für Geld oder durch die Gnade eines anderen Herrscher geworden sind. Zum Beispiel manche Griechen sind vom Darius zu Herrschern in Ionien und am Hellespont gemacht, damit sie seine Sicherheit und sein Ansehen beförderten. So auch sind viele Kaiser durch Bestechung der Soldaten zu ihrer Würde gelangt. Diese hängen lediglich vom guten Willen und dem Schicksal derer ab, welchen sie ihre Erhebung verdanken.

Beides aber gehört zu den wandelbarsten Dingen auf Erden. Sie verstehen sich nicht darauf und sie vermögen es auch nicht, sich auf einer solchen Stelle zu erhalten, denn wenn es nicht etwa ein Mann von großem Geiste und Kraft ist, so kann man nicht voraussetzen, dass derjenige, der immer im Privatstande gelebt hat, zu befehlen wisse. Sie vermögen es auch nicht, weil sie keine Mannschaft haben, die ihnen ergeben und treu wäre. Ferner können plötzlich entstandene Herrschaften, gleichwie alles, was geschwind entsteht und wächst, keine tiefen Wurzeln schlagen. Mithin reißt der erste Sturm sie aus, es sei denn, dass derjenige, den das Glück erhoben hat, so viel Verstand und Talent habe, das, was ihm der Zufall in den Schoß geworfen hat, zu bewahren und die Unterlage nachzuholen, die andere sich angeschafft haben, ehe sie Herrscher wurden.

Von jeder der beiden angegebenen Arten dazu zu gelangen, will ich je ein Beispiel aus der Geschichte unserer Tage anführen. Diese sind Francesco Sforza und Cäsar Borgia. Der Erste ward durch große Tapferkeit und überlegte Anwendung der gehörigen Mittel Herzog von Mailand. Was er mit vieler Mühe erworben hatte, ward ihm durch die Umstände leicht zu bewahren. Der andere, Cäsar Borgia, (insgemein Herzog von Valentinois genannt), gelangte zu seiner hohen Stelle durch den Glücksstern seines Vaters, und verlor sie zugleich mit diesem, trotzdem er alle mögliche Bemühung anwandte und alles tat, was ein kluger und mutiger Mann zu tun hat, um in dem Staate, den er durch die Waffen und das Glück eines anderen erhalten hatte, feste Wurzeln zu treiben.

Denn wie schon gesagt ist, wer nicht damit angefangen hat, Grund zu legen, kann es allenfalls durch große Anstrengung nachholen, allemal aber doch mit Gefahr des Baumeisters und des Gebäudes. Bei der Betrachtung aller Fortschritte des Herzogs wird man finden, wie viel er getan hat, um zu seiner künftigen Größe festen Grund zu legen. Ich halte es nicht für überflüssig, dieses ausführlich darzutun, weil ich einem neuen Herrscher keinen besseren Rat zu geben weiß, als seinem Beispiel zu folgen. Und wenn seine Anstalten den Zweck dennoch verfehlten, so lag die

Schuld nicht an ihm, sondern an einem ganz außerordentlichen und höchst widerwärtigen Schicksal.

Alexander der Sechste fand große Schwierigkeiten in dem Plan, seinen Sohn zu erheben – und das sowohl in der Gegenwart als in der Zukunft. Vor allem sah er gar keinen Weg, ihm zu anderen Besitzungen zu verhelfen, als zu solchen, die im Kirchenstaate lagen. Er wusste aber wohl, dass der Herzog von Mailand und die Venezianer das nicht gestatten würden, weil Faenza und Rimino schon unter venezianischem Schutze waren. Außerdem sah er, dass die italienischen Waffen, besonders diejenigen, deren er sich bedienen konnte, denen anhingen, welche die Größe des päpstlichen Stuhls fürchteten. Sie waren sämtlich den Orsini und den Colonna ergeben und mithin war ihnen nicht zu trauen. Es war also notwendig, diese Verhältnisse zu stören und in den Staaten von Italien alles aufzurühren, um sich eines Teils derselben zu bemächtigen.

Dies ward ihm leicht, weil die Venezianer aus anderen Ursachen damit beschäftigt waren, die Franzosen wieder in Italien hereinzuziehen. Alexander widersetzte sich diesem also nicht, sondern begünstigte es vielmehr durch die Einwilligung, welche er zu der Ehescheidung des Königs Ludwig des Zwölften erteilte. Dieser brach hierauf in Italien ein mit Zustimmung der Venezianer und des Papstes. Und kaum war er in Mailand, so hatte Alexander auch schon wegen des großen Rufs der französischen Macht hinreichende Mannschaft, um seine Unternehmung auf Romagna zu beginnen. Als er diese Provinz erobert und die Partei der Colonna geschlagen hatte, und nunmehr diese Eroberung sichern und weiter gehen wollte, standen ihm zwei Dinge im Wege. Erstens die unzuverlässige Treue seiner Soldaten; zweitens die Gesinnungen des Königs von Frankreich. Er fürchtete, dass die Truppen der Orsini, derer er sich bedient hatte, von ihm abfallen, und nicht allein an weiteren Eroberungen verhindern, sondern auch die gemachten wieder entreißen möchten. Vom König fürchtete er das Nämliche. Mit den Orsini hatte er es ganz recht erraten: Wie sich bewies, als er nach der Eroberung von Faenza Anstalt machte, Bologna zu belagern, und sie dabei so schlaff zu Werke gingen. In Ansehung des Königs ward die Sache klar, als er nach der Besetzung des Herzogtums Urbino Toscana angriff und der König ihn nötigte, von dieser Unternehmung abzustehen.

Hierauf beschloss der Herzog, sich nicht weiter in Abhängigkeit von fremdem Glück und fremden Waffen zu setzen. Er fing also damit an, die Parteien der Orsini und Colonna in Rom zu schwächen, indem er alle Edelleute, die ihnen anhingen, zu sich überzog, durch Stellen, Geld und Ehre, welches alles er ihnen gab. In wenig Monaten war die Zuneigung zu ihren vorigen Anführern verlöscht und hatte sich ganz zu dem Herzog gewandt. Hierauf wartete er die Gelegenheit ab, die Orsini zu vernichten, so wie er schon die Colonna auseinander gesprengt hatte – und das ging ihm noch besser vonstatten. Die Orsini hatten sehr spät gemerkt, dass die Größe des Herzogs und des päpstlichen Stuhls ihnen den Untergang bereite und sie kamen darüber zu Magione im Perusinischen zusammen. Hieraus entstanden die Rebellion von Urbino, die Aufstände in Romagna und unzählige Gefahren des Herzogs, die er mit Hilfe der Franzosen überstand. Als er aber dadurch wieder zu Ehren gelangt war und den Franzosen nicht traute, anderen fremden Truppen eben so wenig, sie auch nicht auf die Probe stellen konnte, so legte er sich darauf, sie zu hintergehen, und wusste sich wirklich so zu verstellen, dass die Orsini sich mit ihm durch Vermittlung des Herrn Pagolo Orsini versöhnten. Er versäumte hierauf nichts, um sie zu gewinnen, beschenkte sie mit Kleidern, Geld und Pferden, bis sie sich einfältigerweise nach Sinigaglia in seine Hände locken ließen. Als er hier die Ober-häupter aus dem Wege geschafft und ihre Anhänger unterwürfig gemacht hatte, so war ein guter Grund zur Herrschaft gelegt, indem er ganz Romagna und das Herzogtum Urbino in seine Botmäßigkeit gebracht und die Völker anfingen, sich darunter wohl zu befinden.

Dieser Teil seines Betragens ist vorzüglich würdig, beachtet und nachgeahmt zu werden, daher muss ich darauf etwas näher eingehen. Nachdem der Herzog die Romagna unter sich gebracht hatte, so fand er, dass dies Land ohnmächtigen Herren angehört hatte, die ihre Untertanen mehr ausgeplündert als regiert und mehr Unordnung veranlasst, als öffentliche Ordnung gehandhabt hatten, sodass diese Provinzen voll von Straßenraub, Parteigängerei und aller Art von Gewalttätigkeit waren. Er fand also nötig, sie zu beruhigen und der Obrigkeit untertan zu machen. Zu diesem Ende gab er ihr den Remiro d'Orco zum Vorgesetzten, einen entschlossenen und grausamen Mann. Ihm erteilte er volle Gewalt. Derselbe erwarb sich großen Ruhm, indem er das Land in kurzer Zeit zur Ruhe und Sicherheit brachte. Hierauf aber schien es dem Herzog, dass eine so ausnehmende Gewalt nicht mehr gut angebracht sei, weil sie verhasst werden möchte. Er ordnete also unter dem Vorsitz eines ganz vorzüglichen Mannes mitten im Lande einen Gerichtshof an, bei welchem jede Stadt ihren Vertreter hatte. Weil die vorige Strenge aber einigen Hass erzeugt hatte, so suchte er diesen auszulöschen und das Volk vollends dadurch zu gewinnen, dass er ihm bewiese, alle begangenen Grausamkeiten rührten nicht von ihm her, sondern von der rauen Gemütsart seines Stellvertreters.

Er ergriff die erste Veranlassung, ihn eines Tages zu Cesena auf dem öffentlichen Markt in zwei Stücke zerrissen auszustellen, mit einem Stück Holz und einem blutigen Messer zur Seite. Durch diesen grässlichen Anblick erhielt das Volk einige Befriedigung und ward eine Zeit lang in dumpfer Ruhe gehalten. Aber um wieder auf die Unternehmung des Herzogs zurückzukommen, so fand sich derselbe mächtig genug und für den Augenblick gegen alle Gefahren gesichert, da er nach seiner Weise hinreichende Mannschaft angeworben und die Truppen derer, die ihm in der Nähe gefährlich werden konnten, vernichtet hatte.

Um weitere Eroberungen versuchen zu können, blieb nur die Rücksicht auf Frankreich übrig, von woher es schwerlich zugegeben werden konnte, nachdem der König den Fehler, den er begangen, obwohl spät, eingesehen. Er fing also an, sich um neue Freundschaften zu bewerben, und mit Frankreich ein zweideutiges Betragen anzunehmen, als ein französisches Heer sich nach dem Königreich Neapel zu gegen die Spanier zu bewegen anfing, die Gaeta belagerten. Seine Absicht war, sich dieser Letzteren zu versichern, und das wäre gelungen, wenn nur Alexander VI. leben blieb. So viel tat er in Rücksicht auf die Gegenwart. In der Zukunft hatte er vornehmlich zu fürchten, dass ein nachfolgender Papst ihm weniger gewogen sein, und das nehmen möchte, was Alexander ihm gegeben hatte. Hiergegen hatte er vor, sich durch vier Mittel sicher zu stellen.

Erstens, durch Vertilgung aller Geschlechter der ihrer Herrschaften beraubten Großen, um den Päpsten die Veranlassung zu entziehen, etwas gegen ihn vorzunehmen; zweitens dadurch, dass er alle Edelleute von Rom zu gewinnen trachtete, um mittels derselben den Papst selbst im Zaume zu halten; drittens, indem er sich im Kardinals-Collegium so viele Freunde als möglich machte, und endlich viertens, indem er sich vor dem Tode des Papstes eine so große Herrschaft zu erwerben suchte, dass er einem ersten Anfall mit eigenen Kräften hinlänglich widerstehen könne. Von diesen vier Dingen hatte er beim Tode Alexanders drei ganz und das letzte beinahe vollführt. Von den beraubten Herren hatte er, so viel er erreichen konnte, töten lassen und sehr wenige waren entkommen. Die römischen Edelleute hatte er gewonnen, im Kardinals-Kollegium hatte er die meisten auf seiner Seite. Was aber die Eroberungen betrifft, so hatte er es darauf angelegt, Toscana unter sich zu bringen: Perugia und Piombino aber besaß er wirklich, und Pisa hatte er unter seinen Schutz genommen. Gleich als wenn er auf Frankreich gar keine Rücksicht mehr zu nehmen hatte, (und wirklich konnte er dessen enthoben sein, nachdem die Spanier den Franzosen das Königreich Neapel abgenommen hatten, und nunmehr beide Teile sich um seine Freundschaft bewerben mussten) erklärte er sich zum Herrn von Pisa, worauf Lucca und Siena fallen mussten, teils wegen der Eifersucht gegen Florenz, teils aus Furcht. Florenz selbst hatte keinen Ausweg. Wenn dies gelungen wäre (und es musste in dem nämlichen Jahr gelingen, in welchem Alexander starb), so erwarb er solchen Namen und solche Kräfte, dass er für sich selbst bestehen konnte, ohne von dem Schicksal oder der Macht eines anderen abhängig zu sein, sondern ganz allein von eigner Macht und Tapferkeit.

Aber Papst Alexander starb fünf Jahre nachdem er das Schwert gezogen hatte. Er hinterließ seinen Sohn in folgender Lage: In Romagna allein festgegründete Herrschaft; mit allen übrigen noch in der Schwebe und zwischen zwei sehr mächtigen feindlichen Heeren; dazu tödlich krank. Der Herzog hatte solchen frechen Mut und solche Überlegenheit des Gemüts, er wusste so gut, wie man Menschen für sich gewinnt und die Fundamente seiner Herrschaft, die er in so kurzer Zeit gelegt hatte, waren so fest gegründet, dass er alle Schwierigkeiten überwunden hätte, wenn er nicht nur jene beiden feindlichen Heere auf dem Halse gehabt oder gesund gewesen wäre. Dass sein Ansehen gut begründet war, dafür dient zum Beweis, dass man ihn in Romagna über einen Monat lang ruhig erwartete; dass er in Rom selbst halb tot sicher war, und dass die Baglioni Vitelli und Orsini, die nach Rom kamen, sich keinen Anhang gegen ihn machen konnten.

Er konnte, wenn schon nicht den neuen Papst bestimmen, so doch verhindern, dass keiner Papst werde, den er nicht wollte. Wäre er vollends beim Tode Alexanders gesund gewesen, so war ihm alles leicht. Am Tage selbst, da Julius der Zweite auf den päpstlichen Stuhl erhoben ward, sagte er mir, er hätte an alles gedacht, was beim Tode seines Vaters vorgehen könne und Mittel gegen alles ausgefunden; nur daran habe er nicht gedacht, dass er zu gleicher Zeit nahe am Tode sein könne. Wenn ich nun alle Handlungen des Herzogs zusammennehme, so kann ich ihn nicht tadeln. Vielmehr muss ich ihn allen denen als Muster aufstellen, die durch Glück und fremde Macht zu einer Herrschaft gelangen. Bei seinem hohen Geiste und dem Ziel, das er sich vorgesetzt hatte, konnte er nicht anders handeln. Der frühe Tod seines Vaters und seine eigene tödliche Krankheit waren es allein, die seine Pläne störten. Wer also in seiner neuen Fürstenwürde nötig findet, sich gegen Feinde sicher zu wappnen, Freunde zu erwerben, zu siegen, sei es durch Gewalt oder durch List, sich beim Volke beliebt und gefürchtet zu machen, Anhang und Ansehen unter Soldaten zu verschaffen, vertilgen die beleidigen könnten oder es nach ihrer Lage müssen, die alte Ordnung der Dinge auf eigene Weise erneuern, streng und gnädig sein, großmütig und freigebig, untreue Kriegsheere auflösen, neue anwerben, die Freundschaft von Königen und Herrschern erlangen, sodass sie sich gern gefällig beweisen, und hüten zu beleidigen, der wird kein lebendigeres Beispiel finden, als die Handlungen dieses Mannes.

Der einzige Vorwurf, den man ihm machen kann, ist der Teil, den er an der Wahl Papst Julius des Zweiten nahm. Denn, wenn er gleich, wie oben gesagt ist, keinen Papst nach seinem eigenen Sinne machen konnte, so vermochte er doch zu verhindern und durfte nie einwilligen, dass einer von den Kardinälen erhoben würde, die ihn beleidigt hatten oder die ihn, sobald sie den päpstlichen Stuhl bestiegen hatten, fürchten mussten. Denn die Menschen befeinden sich, entweder aus Hass oder aus Furcht. Diejenigen, die ihn beleidigt hatten, waren unter anderen der Kardinal von San Pietro ad Vincula, Colonna, San Giorgia, Ascania. Alle anderen aber mussten ihn fürchten, sobald sie Papst wurden: Nur allein den von Rouen und die spanischen ausgenommen. Diese wegen Verwandtschaft und Verbindlichkeiten, jener, weil er dazu durch seine Verbindung mit dem König von Frankreich zu mächtig war. Der Herzog musste also vor allen Dingen darauf dringen, dass einer von den spanischen Kardinälen zum Papst gewählt würde. Konnte er das nicht durchsetzen, so musste er seine Zustimmung dem Kardinal von Rouen geben und nicht dem von San Pietro ad Vincula. Denn wer da glaubt, dass neue Wohltaten bei den Großen alte Beleidigungen vergessen machen, der irrt sich. Der Herzog beging mithin bei dieser Wahl einen Fehler, welcher Ursache seines eigenen Untergangs geworden ist.

ACHTES KAPITEL:

Von denjenigen, welche durch Verbrechen zur Herrschaft gelangen

ES GIBT NOCH ZWEI WEGE, aus dem Privatstand zur fürstlichen Würde zu gelangen, ohne sie weder ganz dem Glück noch der eigenen Kraft und Tugend zu verdanken. Ich will sie also hier erwähnen, obgleich von dem einen ausführlicher da gehandelt werden mag, wo von Republiken die Rede ist. Es ist wie folgend:

Wenn jemand auf verbrecherischen und verruchten Wegen zur Herrschaft gelangt. Zweitens: Wenn der Bürger eines Freistaates durch die Gunst seiner Mitbürger auf den Fürstenstuhl erhoben wird. Hier also zuerst von jenem ersten Weg, von dem ich zwei Beispiele anführen will, ein altes und ein neues, ohne jedoch weiter in die Untersuchung darüber einzugehen, weil sie nach meinem Urteil für denjenigen hinlänglich klar sind, der sich im Falle befindet, sie nachahmen zu müssen.

Agathokles, der Sizilianer, ward nicht allein aus dem Stande eines Privatmannes, sondern sogar aus der niedrigsten und verworfenen Lage König von Syracus. Er war der Sohn eines Goldschmieds und führte durch alle Stufen seines Glücks ein verruchtes Leben. Daneben besaß er aber solche Vorzüge des Geistes und des Körpers, dass er vom Soldaten bis zum Prätor von Syracus aufstieg. Hierauf beschloss er, Herrscher zu werden und die Macht, die ihm eingeräumt war, mit Gewalt an sich zu halten, ohne dem guten Willen weiter etwas zu verdanken. Er verabredete sich darüber mit dem Hamilcar, der mit einem karthagischen Heer in Sizilien stand; berief eines Morgens den Senat und das Volk von Syracus zusammen, unter dem Vorwand, dass er über allgemeine Angelegenheiten zu beratschlagen hätte, ließ aber auf ein gegebenes Zeichen durch seine Soldaten alle Ratsherrn und die Reichsten des Volkes ermorden. Nachdem dieses vollbracht war, ergriff er die Herrschaft und hielt sie an sich, ohne dass irgendwelche innere Bewegungen im Staate erfolgt wären. Er ward zwar zweimal von den Karthagern geschlagen und zuletzt belagert, blieb aber doch nicht allein imstande, die Stadt zu verteidigen, sondern mit einem Teil seiner Macht, wovon er den anderen zurückließ, Afrika selbst anzugreifen, dadurch Syracus in kurzer Zeit zu befreien und die Karthager in äußerste Bedrängnis zu bringen. Diese wurden genötigt, sich mit ihm zu vergleichen, sich mit Afrika zu begnügen und ihm Sizilien zu lassen. Wer seine Handlungen und seine Tapferkeit erwägt, wird finden, dass hier in der Tat wenig dem Glück beigemessen werden kann. Da er, wie schon oben gesagt, nicht durch Gunst eines anderen, sondern vielmehr durch ein mit vielem Ungemach und Gefahren errungenes Aufsteigen im Heer zur fürstlichen Würde gelangte und diese mit so großer Entschlossenheit und Dreistigkeit in Gefahren behauptete.

Man kann es nicht Tugend nennen, seine Mitbürger ermorden, Freunde verraten, ohne Treu und Glauben sein, ohne menschliches Gefühl, ohne Religion. So kann man wohl zur Herrschaft gelangen, aber keinen Ruhm erwerben. Wenn man nur die kriegerischen Tugenden erwägt, die Agathokles bewies, indem er sich in Gefahr begab und sie bestand, den großen Sinn, womit er das Unglück ertrug und bestand, so ist nicht abzusehen, worin er eben von den größten Feldherrn so sehr übertroffen werde. Aber seine wilde Grausamkeit, sein Mangel an menschlichem Gefühl und zahllose Untaten erlauben nicht, ihn unter die vorzüglichsten Menschen zu zählen. Man kann also weder dem Glück noch seiner Tugend zuschreiben, was er ohne das eine und ohne das andere erlangt hat.

Zu unsern Zeiten ist unter der Regierung Papst Alexander des Sechsten der Oliverotto von Fermo, der vor gar wenigen Jahren noch ganz klein gewesen war, von einem Oheim mütterlicher Seite, namens Giovanni Fogliano, erzogen und in seinen ersten Jugendjahren zum Kriegsdienst unter Paul Bitelli angehalten, damit er durch diese Zucht zu einer angesehenen Kriegsstelle gelangen möchte. Nach Pauls Tode diente er unter dessen Bruder Vitellozzo und als ein Mensch von lebhaftem Verstand, von körperlichen und geistigen Vorzügen, ward er in kurzer Zeit einer der Ersten in dem Heer.

Da es ihm aber zu niedrig war, unter anderen zu dienen, so versuchte er durch Hilfe einiger Bürger von Fermo, die lieber Knechte sein, als ihr Vaterland frei sehen mochten und durch Unterstützung des Vitellozzo die Stadt Fermo unter sich zu bringen und schrieb an Giovanni Fogliani, dass er nach so vielen Jahren einmal nach Hause kommen und nach seinem Erbteil sehen wolle. Weil er aber bis dahin nur nach Ehre gestrebt habe, so wolle er, damit seine Mitbürger sähen, wie er seine Zeit nicht vergeblich verwandt habe, auf eine anständige Art und in Begleitung von hundert Reitern, Freunden und Anhängern, erscheinen. Er bäte also, die Einwohner von Fermo möchten bewegt werden, ihn recht anständig zu empfangen; was ja ihm, seinem Oheim selbst, der ihn erzogen, zur Ehre gereichen würde. Giovanni versäumte nichts gegen seinen Neffen, bereitete ihm einen ehrenvollen Empfang von den Einwohnern von Fermo und nahm ihn in seinem Hause auf, wo der Oliverotto nach einigen Tagen, die mit Zubereitungen zu seiner Schandtat zugebracht wurden, ein Gastmahl gab, zu welchem er den Giovanni selbst und alles, was in Fermo angesehen war, einlud. Nachdem die Mahlzeit und was sonst bei solchen Festen vorzugehen pflegt, beendigt war, fing Oliverotto absichtlich ernsthafte Gespräche an, redete vom Papst Alexander und seinem Sohn Cäsar und deren Unternehmungen.

Da Giovanni und andere sich hierauf einließen, stand er plötzlich auf, sagte, dies seien Sachen, die in einem geheimem Orte abgehandelt werden müssten und zog sich in eine Kammer zurück, wohin ihm Giovanni und andere Bürger folgten. Kaum aber hatten sie sich gesetzt, so brachen aus verborgenen Orten Soldaten hervor, die den Giovanni und alle anderen umbrachten. Nach dieser Mordtat stieg Oliverotto zu Pferde, eilte durch die Stadt und schloss die Magistratspersonen im Rathaus ein. Diese wurden durch Furcht bewogen sich ihm zu unterwerfen und ihn an die Spitze des Staates zu stellen. Da nun alle, deren übler Wille ihm schaden konnte, getötet waren, so festigte er seine Herrschaft durch neue Anordnungen, bürgerliche und militärische, sodass er während des Jahres, da er die Herrschaft behielt, nicht allein in Fermo sicher, sondern auch allen Nachbarn furchtbar war. Es wäre schwer gewesen, ihn zu überwältigen, eben wie den Agathokles, wenn er sich nicht mit den Orsini und Vitelli von dem Cäsar Borgia zu Sinigaglia (wie oben bereits erwähnt) ins Garn hätte locken lassen, wo er mitsamt dem Vitellozzo, seinem Lehrmeister in Heldentugenden und Schandtaten, erdrosselt ward. Man könnte die Frage aufwerfen, wie es zugehe, dass Agathokles und manch anderer nach so vielen Verrätereien und Grausamkeiten lange in ihrer Vaterstadt sicher leben und sich gegen auswärtige Feinde wehren können und auch keinen Verschwörungen ihrer Mitbürger ausgesetzt gewesen sind. Wohingegen andere wegen ihrer Grausamkeit sich nicht einmal im Frieden, geschweige denn in den so gefährlichen Zeiten des Krieges, auf ihrer Stelle behaupten konnten?

Ich glaube, dass dieses von der rechten oder schlechten Anwendung der Grausamkeit herrührt. Eine wohl angebrachte Grausamkeit (wenn es erlaubt ist, diesen Ausdruck zu gebrauchen) ist diejenige, welche ein einziges Mal zu eigner Sicherheit ausgeübt, und nächstdem, so viel möglich, zum Vorteil der Untertanen benutzt wird. Schlecht angebrachte Grausamkeit ist diejenige, die klein anfängt und mit der Zeit eher zu- als abnimmt. Diejenigen, welche den ersten Weg einschlagen, können, wenn Gott will, mit Hilfe anderer Menschen, so wie Agathokles, ihre üble Lage verbessern. Die anderen können sich gar nicht halten. Es ist also wohl zu merken, dass derjenige, welcher sich der Herrschaft in einem Staate bemächtigen will, alle Grausamkeiten mit einem Male vollführen müsse, um nicht alle Tage wieder anzufangen, und dass er wohl tue, die Freundschaft der Menschen zu erwerben, indem er von seiner Macht, ihnen wehe zu tun, keinen Gebrauch macht.

Wer anders handelt, sei es aus Furcht oder aus Mangel an gutem Rat, muss das Schwert beständig in der Hand halten, und kann sich nie auf seine Untertanen verlassen, weil diese wegen der unaufhörlich erneuerten Quälereien kein Zutrauen zu ihm fassen können. Alle Verletzungen anderer müssen auf einmal geschehen, damit sie weniger überdacht und besprochen und weniger tief gefühlt werden. Wohltaten aber müssen nach und nach erzeigt werden, damit man sich unaufhörlich damit beschäftige. Vor allen Dingen aber muss ein Herrscher sich einen Plan entwerfen, der gut genug überdacht ist, damit er sich weder durch günstige noch schlimme Zufälle bewegen zu lassen brauche, davon abzugehen. Denn wenn schlimme Zeiten eintreten, so ist es nicht der Augenblick zu harten Verfügungen und von wohltätigen hat man keinen Dank, weil sie erzwungen scheinen.

NEUNTES KAPITEL:
Vom Volke übertragene Herrschaft

ICH KOMME ZU DEM ZWEITEN FALLE, wenn nämlich Einer aus dem Volke nicht durch Verbrechen und Schandtaten, sondern durch die Gunst seiner Mitbürger Herrscher in seinem Vaterlande wird. Dieses Fürstentum von ganz eigner Art könnte man allenfalls ein bürgerliches nennen. Es wird nicht bloß durch Talente oder Glück, sondern vielmehr nur durch eine glückliche und schlaue Geschicklichkeit erworben. Man gelangt dazu mittels einer Begünstigung, entweder des Volks oder der Großen in ihm.

Denn in jedem Staat gibt es zwei verschiedene Gemütstendenzen, die daher rühren, dass das Volk die Herrschaft und Unterdrückung des Großen nicht ertragen mag, die Großen aber das Volk zu beherrschen und zu unterdrücken trachten. Aus dem Streit dieser verschiedenen Bestrebungen entsteht entweder eine Alleinherrschaft, oder die Freiheit, oder unbändige Gesetzlosigkeit. Die Herrschaft wird entweder vom Volke oder von den Großen herbeigeführt, nachdem der eine oder andere Teil dazu Veranlassung erhält. Denn wenn die Großen sehen, dass sie dem Volke nicht widerstehen können, so suchen sie einem unter sich einen großen Namen zu machen und erheben ihn zum Fürsten, um unter dem Schutze seines Ansehens ihre eigenen Begierden zu befriedigen.

Ebenfalls das Volk macht, wenn es sieht, dass es den Großen nicht widerstehen kann, einen vorzüglich Angesehenen zum Fürsten, um von ihm geschützt zu werden. Wer durch Hilfe der Großen Herrscher wird, hält sich schwerer als der, den das Volk dazu gemacht hat. Denn er findet sich umgeben von vielen, die sich ihm gleich dünken, und die er nicht nach seinem Sinne zu behandeln und ihnen zu befehlen vermag. Aber derjenige, welcher durch die Gunst des Volks Herrscher wird, steht ganz allein so hoch, und ist mit wenigen Ausnahmen von lauter Leuten umgeben, die ihm zu gehorchen bereit sind. Außerdem kann er auch die Großen nicht befriedigen, ohne andere zu beleidigen, wohl aber das Volk. Denn die Wünsche desselben sind viel billiger, als die Wünsche der Großen. Diese wollen unterdrücken, jenes aber ist zufrieden, wenn es nur nicht unterdrückt wird. Hierzu kommt noch, dass der Herrscher sich eines feindselig gesinnten Volkes gar nicht versichern kann, weil dessen zu viele sind, wohl aber deren, die nur Wenige sind. Das Schlimmste, was derjenige zu fürchten hat, dem das Volk abgeneigt ist, besteht darin, von ihm verlassen zu werden. Aber wem die Großen feind sind, der läuft Gefahr, dass sie ihn nicht nur verlassen, sondern selbst gegen ihn aufstehen, weil sie mehr Einsicht und mehr Schlauheit haben, im Voraus auf ihre Sicherheit denken, und sich bei demjenigen beliebt zu machen suchen, von dem sie glauben, er werde den Sieg davontragen.

Der Herrscher ist außerdem genötigt, beständig mit dem nämlichen Volk verbunden zu bleiben; er kann hingegen ohne die Großen fertig werden, weil er darunter nach Gefallen erheben und erniedrigen, Ansehen geben und nehmen mag. Um dieses noch in helleres Licht zu setzen, sage ich, dass es zwei Arten gibt, die Großen zu behandeln. Sie betragen sich nämlich also, dass sie sich entweder ganz an dich hängen oder nicht. Diejenigen, welche sich dir verpflichten und nicht habsüchtig sind, müssen in Ehren gehalten werden und verdienen große Zuneigung.

Diejenigen hingegen, welche sich dir nicht verpflichten wollen, müssen wieder auf zwei verschiedene Arten betrachtet werden. Entweder sie tun dies aus Feigheit und natürlichem Mangel des Mutes. Solcher muss man sich bedienen: Absonderlich wenn sie Verstand haben, denn so lange es gut geht, wird man von ihnen geehrt, und im Unglück hat man sie nicht zu fürchten. Wenn sie sich aber aus ehrgeizigen Absichten nicht verpflichten wollen, beweisen sie damit, dass sie mehr an sich selbst, als an dich denken. Vor diesen muss sich der Herrscher hüten und sie als heimliche Feinde behandeln, denn sie sind wirklich immer bereit, im Unglück zuzutreten und ihn mit zu stürzen.

Wer durch das Volk Herrscher wird, muss das Volk zum Freunde zu behalten suchen. Dies ist leicht, da es zufrieden ist, wenn es nur nicht gedrückt wird. Wer aber gegen den Willen des Volks durch den Beistand der Großen Herrscher wird, muss vor allen Dingen suchen das Volk zu gewinnen, was ja sehr leicht ist, wenn er es nur in Schutz nimmt. Und da die Menschen einem Wohltäter, von dem sie Übles erwarteten, desto dankbarer werden, so wird das Volk ihm noch mehr untertan, als wenn es ihn selbst erhoben hätte. Die Mittel und Wege, wodurch der Herrscher das Volk gewinnen kann, sind mannigfaltig und richten sich ganz nach den Umständen, weshalb ich sie ganz übergehe. Ich ziehe indessen den allgemeinen Schluss, dass man suchen müsse, das Volk auf seine Seite zu ziehen, weil sonst im Unglück kein Rettungsmittel ist. Nabis, der Herrscher der Spartaner, hielt eine Belagerung von allen Griechen aus und von einem siegreichen römischen Heer. Er verteidigte sich und seinen Staat dagegen, und dazu war es hinreichend, sich einiger weniger Personen zu versichern.

Wäre das Volk ihm feind gewesen, so hätte jenes nicht hingereicht. Man setze mir auch nicht das bekannte Sprichwort entgegen, dass, wer sich auf das Volk verlässt, auf den Sand bauet. Denn dieses ist nur alsdann wahr, wenn ein Bürger etwa die Hilfe des Volks gegen die angebliche Unterdrückung seiner Feinde oder der Obrigkeit anruft. In diesem Falle kann er sich gar leicht mit falscher Hoffnung täuschen, so wie es dem Gracchus zu Rom und zu Florenz dem Georg Scali ging. Ein Herrscher aber, der zu befehlen versteht und Herz hat, darf nur im Unglück nicht weichen, sondern fahre fort Vorkehrungen zu treffen, halte streng auf seine Anordnungen, und suche das Volk zu beleben.

Er wird sich in seiner Erwartung von ihm nicht betrogen finden. Solche Herrschaften geraten in Gefahr, wenn sie aus einer eingeschränkten Verfassung zur freien Alleinherrschaft aufzusteigen suchen. Denn diese Herrscher führen ihre Sache selbst oder durch Magistratspersonen. Im letzteren Falle ist ihre Macht

unsicher und schwach, weil sie von denen, welche die obrigkeitlichen Stellen verwalten, gar sehr abhängen. Diese können,
absonderlich im Unglück, leicht das Oberhaupt umwerfen, indem
sie sich ihm widersetzen oder auch nur den Gehorsam verweigern.
Der Herrscher aber darf in den gefähr- lichen Augenblicken nicht
daran denken, die unbeschränkte Herrschaft an sich zu reißen,
weil die Bürger und Untertanen, welche gewohnt sind, den
obrigkeitlichen Personen zu gehorchen, ihm keine Folge leisten
und es ihm schwer wird, Personen zu finden, denen er trauen
kann. Diese Herrscher können sich gar nicht auf das verlassen,
was sie in ruhigen Zeiten sehen, da die Bürger der öffentlichen
Ordnung bedürfen. Alsdann läuft jeder, verspricht alles und will
für ihn das Leben lassen, so lange der Tod entfernt ist. In
unglücklichen Zeiten aber, wo der Staat Bürger nötig hat, finden
sich wenige. Ein solches Experiment ist desto gefährlicher, da man
es nur ein einziges Mal machen kann. Ein kluger Herrscher muss
daher auf Mittel denken, zu bewirken, dass seine Untertanen
seiner Herrschaft beständig und zu allen Zeiten und unter allen
Umständen bedürfen – dann werden sie ihm treu bleiben.

ZEHNTES KAPITEL:
Wie die Kräfte in den Fürstentümern einzuschätzen sind

BEI DER BETRACHTUNG der Beschaffenheiten all dieser Reiche
kommt es noch darauf an, ob ein Herrscher so viel vermag, dass er
sich selbst im Falle der Not verteidigen kann, oder ob er dazu
fremder Hilfe bedarf. Um dies deutlicher zu machen, sage ich, dass
diejenigen ihre Territorien selbst zu behaupten vermögen, welche
Menschen oder Geld genug besitzen, um eine zureichende Armee
aufzustellen und dem, der sie angreift, eine Schlacht zu liefern.

Dahingegen bedürfen diejenigen allzeit fremder Hilfe, welche
nicht gegen den Feind in das Feld rücken können, sondern genötigt sind, sich hinter ihre Mauern zurückzuziehen, um nur diese zu
verteidigen. Vom ersten dieser Fälle ist bereits oben geredet und
wird in der Folge noch mehr vorkommen. Im zweiten Falle kann
man dem Herrscher nichts anderes raten, als seine Stadt zu

befestigen und das Land preiszugeben. Wer seine Stadt wohl befestigt und sich gegen Nachbarn und eigene Untertanen so betragen hat, wie hier oben angeraten ist, und ich seiner anraten werde, der wird auch nicht leichtsinnig angegriffen werden, weil niemand gern Dinge unternimmt, die Schwierigkeiten bereiten. Und es so leicht nicht ist, den anzugreifen, der wohl befestigt ist und seine eigenen Untertanen zu Freunden hat.

Die deutschen Städte haben große Freiheiten, wenig Territorium, gehorchen dem Kaiser so viel sie Lust haben und fürchten weder dieses noch irgendeines anderen Benachbarten Macht, weil sie auf solche Art befestigt sind, dass jeder wohl fühlen muss, wie schwierig und langwierig es ist, sie zu erobern. Sie haben nämlich Wall und Graben, Geschütz in zureichender Menge, Lebensmittel und Holz zur Feuerung auf ein Jahr in Vorrat. Außerdem haben sie die Struktur, das Volk, ohne Nachteil des Gemeinwesens, auf ein Jahr in dem Gewerbe, wovon die kleinen Bürger leben, beschäftigen zu können, um ihm seinen Unterhalt zu verschaffen. Auch halten sie die Kriegsübungen in Ehren und haben dazu mancherlei Anordnungen. Der Herrscher, der eine Festung besitzt, und bei seinem Volk nicht verhasst ist, kann nicht angegriffen werden − und würde er es, so müsste der Feind mit Schanden abziehen, denn die Zufälle sind in dieser Welt so mannigfaltig, dass es beinahe unmöglich ist, ein ganzes Jahr das Feld zu halten, um ihn zu belagern.

Und wenn man etwa antwortete, dass das Volk, welches seine Besitzungen draußen hat und selbige verheeren sieht, es überdrüssig werden und seinen Herrscher verraten wird, so antworte ich, dass ein mächtiger und entschlossener Herrscher diese Schwierigkeiten stets überwinden kann, indem er bei seinen Untertanen bald die Hoffnung erregt, es werde nicht lange mehr währen; und Furcht vor der Grausamkeit des Feindes einflößt; sowie auch sich auf eine geschickte Art derer versichert, welche ihm zu dreist scheinen. Außerdem ist der Feind genötigt damit anzufangen, das Land mit Feuer und Schwert zu verheeren, während die Bürger noch guten Mut und Lust zur Verteidigung haben. Der Herrscher darf daher umso weniger zögern, denn wenn die Gemüter sich abkühlen, so ist der Schaden schon geschehen. Es ist vergeblich, darüber zu klagen und die Menschen werden sich desto enger mit dem Herrscher vereinigen, für den sie ihre Habe und Gut preisgegeben haben, wofür er ihnen Dank schuldig ist. Der menschlichen Natur ist es gemäß, sich durch das Gute, was man anderen erzeigt, eben sowohl zu verbinden, als durch das, was man empfängt. Wenn man dieses alles erwägt, so wird man finden, dass es einem Herrscher nicht schwer ist, die Gemüter seiner Untertanen bei einer Belagerung festzuhalten, wenn er nur Lebens- und Verteidigungsmittel genug hat.

ELFTES KAPITEL:
Von geistlichen Fürstentümern

ES BLEIBT NUR NOCH ÜBRIG, von geistlichen Herrschaftsgebieten zu reden, bei welchen alle Schwierigkeiten nur vorhanden sind, bis man in ihren Besitz gelangt ist. Denn sie werden zwar durch ausgezeichnete Kraft oder durch Glück erworben, aber erhalten, ohne das eine und ohne das andere. Denn sie beruhen auf den alten heiligen Einrichtungen der Religion, welche mächtig genug sind, ihre Häupter in ihren Stellen zu erhalten, mögen sie sich nun aufführen, wie sie wollen. Diese allein haben eine hohe Stelle und brauchen sie nicht zu verteidigen. Sie haben Untertanen und regieren sie nicht, ihre Staaten werden nicht verteidigt und ihnen doch nicht genommen.

Ihre Untertanen kümmern sich nicht darum, dass sie nicht regiert werden und denken nicht daran, sich ihnen zu entziehen, können es auch nicht. Diese Herrscher also sind allein sicher und glücklich. Aber da dieses von hohen Ursachen abhängt, an die der menschliche Verstand nicht reicht, so will ich nicht davon reden. Gott schützt sie: Es wäre vorwitzig und dreist, wenn der Mensch darüber urteilen wollte. Wenn mich aber jemand befragte, wie es zugegangen, dass die Kirche zu solchen weltlichen Reichen ge-langte, und dass, nachdem bis auf Alexander den Sechsten jeder, ich sage nicht mächtige italienische Fürst, sondern jeder Baron und Freiherr, sich nichts daraus machte. Gegenwärtig der König von Frankreich vor der Kirche zittert, und von ihr aus Italien vertrieben ist, Venedig daneben zu Grunde gerichtet. So will ich darüber Folgendes obwohl schon genugsam Bekannte, in das Gedächtnis zurückrufen:

Bevor Karl der Achte nach Italien kam, war dieses Land unter den Papst, Venedig, den König von Neapel, den Herzog von Mailand und die Florentiner verteilt. Diese Mächte hatten ihr Augenmerk auf zwei Dinge zu richten: Erstens darauf, dass keine fremde Macht mit den Waffen eindringe; zweitens, dass keine unter ihnen selbst die Oberhand gewönne. Diejenigen, welchen dieses am wichtigsten war, waren der Papst und Venedig. Um den letzteren Staat klein zu halten, mussten sich alle übrigen vereinigen, so wie sie es auch wirklich taten, um Ferrara zu verteidigen.

Den Papst zurückzuhalten, bediente man sich der römischen Barone, welche in zwei Fraktionen geteilt waren, die Orsini und die Colonna. Unaufhörliche Uneinigkeiten unter diesen veranlassten sie stets, unter den Augen des Papstes in den Waffen zu sein, und dieses hielt den Heiligen Stuhl klein und schwach. Und wenngleich dann und wann ein Mann von Geist den päpstlichen Stuhl bestieg, so wie Sixtus (der Vierte), so konnten doch weder Glück noch Verstand von diesen Verhältnissen befreien. Die Kürze ihrer Regierung war eine Ursache. Denn in zehn Jahren (so lange dauerte eine päpstliche Regierung im Durchschnitt) konnte kaum eine der beiden Parteien geschwächt werden. Und wenn zum Beispiel der eine die Colonna und ihre Anhänger gedemütigt hatte, so folgte einer, der den Orsini Feind war und hob jene, die in der kurzen Zeit nicht ganz vertilgt sein konnten, wieder empor. Daher kam es, dass die weltliche Macht des Papstes in Italien so wenig geachtet ward.

Es stand inzwischen Alexander der Sechste auf und bewies besser als irgendein anderer jemals getan hat, wieviel ein Papst mit Geld und mit seinen Kräften ausrichten kann. Er bewerkstelligte mittels seines Sohnes, des Herzogs von Valentinois und bei Gelegenheit des Einmarsches französischer Heere, alles das, was ich oben, als ich von bei Handlungsweise des Herzogs sprach, auseinandergesetzt habe. Seine Absicht ging nicht dahin, den

Heiligen Stuhl groß zu machen, sondern nur sich selbst. Durch die Wendung, die die Sache nahm, erstarkte aber der Stuhl, welcher nach seinem Tode die Früchte aller Arbeiten des Herzogs erbte. Auf ihn folgte Julius der Zweite, welcher den Stuhl schon groß und mächtig fand, da er die Romagna besaß und daneben alle römischen Barone durch Alexanders Bemühungen zerschlagen waren. Daneben besaß er Mittel, Geld zusammenzubringen, die man vor Alexander nicht gekannt hatte. Julius trat in dessen Fußstapfen, suchte Bologna zu erwerben, Venedig zu schwächen und die Franzosen aus Italien zu vertreiben.

Dieses gelang ihm alles zusammen und gereichte ihm zu so viel größerer Ehre, da er es nicht zu eignem Privatvorteil, sondern zu Gunsten des Stuhles unternahm. Die Parteien Colonna und Orsini erhielt er in dem Zustand, worin er sie fand. Obwohl einige Ursache zu Uneinigkeiten zwischen ihnen vorhanden war, mussten sie doch ruhig bleiben: Erstens, weil ihnen die Größe des päpstlichen Stuhls imponierte, und zweitens, weil sie beide keine Kardinäle unter sich hatten, von denen immer alle Unruhen herrühren. So oft Kardinäle aus diesen Häusern sind, so können diese nicht ruhig sein, weil jene in und außer Rom die Parteiungen unterhalten und die Barone genötigt sind, sie zu verteidigen. Aus dem Ehrgeiz solcher Prälaten entstehen mithin die Zwistigkeiten und Aufruhr unter den Baronen. Es hat also Papst Leo den Heiligen Stuhl schon groß und mächtig gefunden, und so wie seine oben genannten Vorfahren ihn durch die Waffen gehoben haben, so ist zu hoffen, dass er ihm durch seine großen persönlichen Eigenschaften und seine Milde Ansehen verschaffen werde.

ZWÖLFTES KAPITEL:

Von den verschiedenen Arten der Truppen

NACHDEM ICH die verschiedenen Beschaffenheiten der Herrschaften erwogen, von denen ich mir vornahm zu reden, und die Ursachen angezeigt, aus denen es ihnen wohl oder übel ergeht, nebst den Mitteln, womit man versucht hat, sie zu erwerben und zu erhalten, so bleibt mir noch übrig, im Allgemeinen die Arten des Angriffs und der Verteidigung durchzugehen, welche dabei vorkommen können.

Wir haben bereits erwähnt, dass eine Herrschaft auf guten Gründen beruhen müsse, wenn sie nicht zusammenstürzen soll. Die hauptsächlichste Stütze aller Staaten, der neuen wie der alten und der vermischten, sind gute Gesetze und tüchtige Kriegsmacht. Gute Gesetze können nicht bestehen ohne eine gute Kriegsmacht. Diese aber setzt gute Gesetze voraus.

Ich lasse also die Gesetzgebung liegen und rede von der Bewaffnung. Ich sage, dass die Kriegsmacht, womit ein Herrscher seinen Staat verteidigt, entweder aus eigner oder gemieteter Mannschaft oder aus Hilfstruppen besteht, oder aus diesen allen zusammen. Gemietete Mannschaft und Hilfstruppen sind unnütz und gefährlich. Wer seine Herrschaft durch Mietlinge zu schützen denkt, steht nicht auf festem Grunde, und kann nie sicher sein, weil diese unter sich uneins, unbändig, ohne Disziplin, untreu, übermütig gegen ihre Freunde, feig gegen die Feinde sind, Gott nicht fürchten und treulos gegen die Menschen handeln.

Der Untergang ist also nur bis dahin verschoben, wo der Angriff erfolgt. Im Frieden wird man von ihnen selbst beraubt; im Kriege vom Feinde. Die Ursache hiervon ist, dass sie nicht aus Zuneigung und aus keiner anderen Ursache im Felde erhalten werden, als um eines geringen Soldes willen, deswegen sie ihr Leben nicht preisgeben werden. So lange kein Krieg zu führen ist, wollen sie wohl Soldaten sein, so wie aber der Feldzug eröffnet wird, laufen sie davon oder gehen nach Hause. Es sollte wohl ohne viele Mühe einleuchten, dass dies sich so verhält. Da Italien aus keiner anderen Ursache zu Grunde gegangen ist, als weil man sich so viele Jahre lang auf Mietstruppen verlassen hat, welche dann und wann einige Vorteile übereinander erhielten und ganz tapfer schienen. Sobald aber fremde Heere kamen, zeigte es sich, wie sie beschaffen waren. Daher konnte Karl der Achte Italien so geschwind überwältigen.

Wer behauptete, dies geschehe um unserer Sünden willen, hatte ganz Recht. Aber nicht um derjenigen willen, die darunter verstanden wurden, sondern wegen derer, die ich angegeben habe. Die Herrscher hatten die Fehler begangen und mussten dafür leiden. Ich will die unglücklichen Folgen solcher Verteidigungsanstalten noch besser beweisen. Die gedungenen Feldherren sind entweder vorzügliche Kriegshelden oder nicht. Im ersten Falle kann man sich auf sie nicht verlassen, weil sie nach eigner Größe streben und deshalb darauf denken, entweder denjenigen selbst, der sie gedungen hat, oder andere gegen den Willen desselben zu unterdrücken. Ist der Feldhauptmann kein rechter Krieger, so geht derjenige üblicherweise zu Grunde, der ihn gedungen hat. Will man hierauf antworten, dass es einerlei sei, ob derjenige, der die Kriegsmacht anführt, gedungen ist oder nicht, dass er in einem Falle handeln werde, wie im anderen, so erwidre ich, dass ein jeder Herrscher selbst ins Feld gehen und sein eigner General sein müsse. Republiken aber einen ihrer Mitbürger an die Spitze des Heeres stellen müssen, denselben zurückrufen, wenn er sich nicht hinlänglich geschickt beweiset, und wenn er der Sache gewachsen ist, ihn im Zaume der Gesetze halten.

Die Erfahrung beweist es, dass Fürsten und Republiken durch eigene Truppen allein Fortschritte machen, und dass Söldnerheere nur Unglück anrichten. Eine Republik, welche sich mit eigenen Waffen verteidigt, wird nicht so leicht von einem ihrer Mitbürger unterjocht, als wenn sie ein gedungenes Heer hält. Rom und Sparta sind viele Jahrhunderte lang bewaffnet und frei gewesen. Die Schweizer sind höchst kriegerisch und frei. Von Mietstruppen aber gibt Karthago ein Beispiel, welches nach dem ersten Krieg mit den Römern von ihnen unterdrückt ward, obgleich die Karthager eigene Bürger zu Generalen bestellt hatten. Philipp von Makedonien ward von den Thebanern nach dem Tode des Epaminondas zum Feldherrn erwählt und nahm ihnen dafür die Freiheit, sobald er einen Sieg erfochten hatte. Die Mailänder besoldeten nach dem Tode des Herzogs Filippo (Visconti) den Franz Sforza, um gegen die Venezianer Krieg zu führen. Sobald derselbe sie aber bei Caravaggio überwunden hatte, verband er sich mit ihnen gegen seine Dienstherren, die Mailänder. Sein Vater Sforza war im Dienste der Königin Johanna von Neapel, und ließ diese mit einem Male ganz ohne Verteidigungsmittel, sodass sie sich dem König von Aragon in die Arme werfen musste, um ihr Reich nicht zu verlieren.

Wenn Venedig und Florenz sich durch solche Waffen vergrößert haben, und die Anführer derselben sich nicht zu Herren haben aufwerfen können, so antworte ich auf diesen Einwurf, dass Florenz viel Glück gehabt hat, indem von den tapferen Generalen, die ihm furchtbar wurden, einige im Kriege nicht glücklich gewesen sind, andere Widerstand von anderer Seite her gefunden, endlich noch andere ihre ehrgeizigen Absichten auf andere Orte gerichtet haben. So z. B. hat Giovanni Acuto nicht gesiegt, daher nicht offenbar geworden, wie weit ihm zu trauen gewesen wäre, wenn er gesiegt hätte. Jeder aber muss eingestehen, dass er in diesem Falle mit Florenz machen konnte, was er wollte.

Franz Sforza hatte beständig den Braccio und seine Leute sich gegenüber: einer hielt den anderen zurück. Francesco richtete seine Absichten auf die Lombardei, Braccio auf den Kirchenstaat und Neapel. Wir wollen die neueren Zeiten betrachten. Die Florentiner haben den Paolo Vitelli zu ihrem Feldherrn erwählt: Einen tapferen Mann, der im Privatstande den größten Ruhm erworben hatte. Wenn derselbe Pisa erobert hätte, so ist gar nicht zu leugnen, dass er mit Florenz schalten konnte, wie er wollte. Denn wenn er zu ihren Feinden überging, konnten sie nichts machen. Wenn er aber weiterhin zu ihnen stand, so mussten sie ihm gehorchen.

Betrachtet man die Fortschritte der Venezianer, so wird man finden, dass diese sicher und glücklich waren, solange sie sich dazu ihrer eigenen Kräfte bedienten. Das war, bis sie ihre Unternehmungen auf dem festen Lande anfingen, denn bis dahin hatten sie tapfer mittels ihres eigenen Adels und Volkes Krieg geführt. So wie sie aber anfingen auf dem festen Land Krieg zu führen, machten sie es wie die übrigen Italiener. Im Anfang ihrer Eroberungen brauchten sie ihre Generale nicht sonderlich zu fürchten, weil ihr Staat noch nicht sehr groß war, und sie dafür desto größeres Ansehen genossen. Als sie aber ansehnliche Fortschritte zu machen anfingen, welches unter dem Carmignuola geschah, merkten sie, dass sie auf dem falschen Wege waren. Sie sahen, wie gefährlich seine Tapferkeit ihnen zu werden drohte, und sobald sie unter seiner Anführung den Herzog von Mailand geschlagen hatten und sahen, dass er nunmehr erkaltete, sie also keine weiteren Vorteile durch ihn zu hoffen hätten, ihn aber nicht entlassen konnten noch wollten, um das Erlangte nicht zu verlieren, so sahen sie sich genötigt, ihn zu ihrer eigenen Sicherheit ums Leben bringen zu lassen.

Sie haben hierauf den Bartolomeo von Bergamo, Ruberto von San Severino, den Grafen von Pitigliano und andere Generale gedungen, bei denen sie nur zu fürchten hatten, dass sie geschlagen würden, aber nichts von ihren Fortschritten besorgen durften. So wie es denn auch zu Baila ging, wo sie in einer Schlacht alles verloren, was sie in achthundert Jahren mit so vieler Mühe errungen hatten. Denn solches Kriegssystem bringt langsame und geringe Fortschritte und plötzlichen erstaunlichen Verlust mit sich. Da ich auf diese italienischen Beispiele gekommen bin, in welchem Lande alles seit vielen Jahren mittels gedungener Krieger ausgerichtet wird, so will ich darin noch etwas höher hinauf gehen, um den Ursprung und die Fortschritte des Übels zu zeigen, damit man ihm desto besser begegnen möge.

Da in den neueren Zeiten das kaiserliche Ansehen in Italien fiel und das weltliche Ansehen des Papstes dagegen zunahm, war dieses Land in verschiedene Staaten zerteilt. Mehrere der großen Städte ergriffen die Waffen gegen die Herren, welche sie unter Begünstigung des Kaisers in der Unterdrückung hielten; der päpstliche Stuhl aber unterstützte jene, um sich weltliches Ansehen zu verschaffen. In manchen anderen erhoben sich Bürger zur fürstlichen Würde. Italien geriet mithin gewissermaßen in die Hände des Heiligen Stuhls und einiger Republiken. Beide aber,

Priester und Bürger, waren nicht an die Waffen gewöhnt und fingen an Truppen zu mieten.

Der erste, der eine solche Miliz zu Ehren brachte, war Alberigo da Como Romagnuolo. Aus seiner Schule gingen u.a. Braccio und Sforza hervor, die zu ihrer Zeit über Italien walteten. Auf sie folgten alle anderen, die bis zu unseren Zeiten die italienischen Heere befehligt haben. Das Ende ihrer Heldentaten aber ist gewesen, dass Italien von Karl dem Achten überrannt, von Ludwig dem Zwölften ausgeplündert, von Ferdinand von Aragon bezwungen und von den Schweizern geschändet wurde. Jene Anführer von Mietstruppen fingen damit an, das Fußvolk um seine Ehre zu bringen, um selbst zu größerem Ansehen zu gelangen. Dieses taten sie, weil sie selbst ohne Länder und auf persönliche Mittel beschränkt, mittels weniger Fußvölker kein großes Ansehen erhalten, zahlreiche aber nicht ernähren konnten. Sie beschränkten sich also auf Reiterei, wo sie denn mittels einer geringeren Zahl Unterhalt und Ehre zu gewinnen vermochten.

Die Sache war dahin gekommen, dass in einem Heer von 20.000 Mann kaum 2.000 Mann zu Fuß waren. Außerdem wandten sie alles an, um sich und ihren Leuten Mühsal und Gefahr zu ersparen, indem sie in den Schlachten einander nicht töteten, sondern ohne Verwundung gefangen nahmen. Sie machten des nachts keine Angriffe auf die Festungen, keine Ausfälle aus denselben, sie befestigten ihre Lager nicht und hielten das Feld nicht im Winter. Alles das war ihrer Kriegsordnung gemäß und wie ich schon gesagt habe, ausgedacht, um Mühseligkeit und Gefahr abzuwenden. Italien ist darüber aber völlig in Sklaverei und Schande geraten.

DREIZEHNTES KAPITEL:
Von den Hilfstruppen

DIE ZWEITE ART unnützer Kriegsmacht sind die Hilfstruppen. Nämlich, wenn ein Mächtigerer angerufen wird, dich mit seinen Waffen zu unterstützen und zu verteidigen, so wie neuerlich Papst Julius nach der traurigen Erfahrung mit gedungener Mannschaft, die er bei Ferrara gemacht hatte, den König Ferdinand von Aragon anrief, dass er ihm mit seiner Armee zu Hilfe kommen möge. Ein solches Heer kann wohl für denjenigen, dem es angehört, etwas Nützliches ausrichten, aber dem, der es herbeiruft, ist es allemal nachteilig, denn wird es geschlagen, so bist du überwunden – und siegt es, so bist du selbst ihr Gefangener. Die alte Geschichte ist auch von solchen Beispielen voll. Ich will aber bei dem vom Papst Julius stehen bleiben, welches noch ganz neu ist. Dieser hätte keinen schlechteren Entschluss fassen können, als sich einem Fremden in die Arme zu werfen, um Ferrara zu erlangen. Zu seinem Glück kam ein Drittes dazwischen, sodass ihn die Folgen dieses Fehlers nicht trafen. Da nämlich seine Verbündeten bei Ravenna geschlagen wurden und die Schweizer aufstanden, welche gegen alle Erwartung die Sieger vertrieben, so fiel er weder in die Hände seiner Feinde, die eben geschlagen waren, noch seiner Freunde, weil andere als sie den Sieg davongetragen hatten.

Die Florentiner hatten selbst gar keine Armee und führten zehntausend Franzosen vor Pisa, um es zu erobern, woraus für sie selbst größere Gefahr entstand, als worin sie sich jemals befunden hatten. Der Kaiser von Konstantinopel sandte zehntausend Türken nach Griechenland, um es gegen seine Nachbarn zu schützen. Nach beendigtem Krieg weigerten sie sich aber, es zu verlassen, und dies war der Anfang der Unterjochung von Griechenland durch die Ungläubigen. Wer sich selbst in die Lage setzen will, auf keine Weise den Sieg davontragen zu können, der bediene sich solcher Hilfstruppen. Mit ihnen ist der Untergang zum Voraus ganz zubereitet, denn sie sind untereinander einig und im Gehorsam eines anderen. Gedungene Mannschaft hat doch, wenn sie schon gesiegt hat, noch etwas Zeit nötig und es müssen besondere Gelegenheiten entstehen. Weil sie nicht ein eignes Corps ausmacht, von dir zusammengebracht und bezahlt ist, ein Dritter aber, den du ihnen zum Oberhaupt gibst, nicht augenblicklich so viel Ansehen erhält, dir schaden zu können. Kurz, das Gefährlichste ist bei Mietstruppen ist ihre Feigheit; bei Hilfstruppen ihre Tapferkeit. Jeder nur etwas kluge Herrscher hat immer vermieden, sich solcher Mannschaft zu bedienen und hat lieber mit eigner überwunden werden, als mit fremder siegen wollen, da er den Sieg, den er durch fremde Mannschaft errungen, nicht für wahren Gewinn halten konnte.

Ich trage keine Bedenken, den Cäsar Borgia und seine Handlungen als Beispiel anzuführen. Dieser Heerführer fiel mit französischen Soldaten in Romagna ein und eroberte mit ihnen Imola und Furli. Weil er diese Armee aber nicht sicher achtete, so wandte er sich an Mietstruppen, die er für weniger gefährlich hielt und nahm die Orsini und Vitelli in Sold. Da er auch diese bei der weiteren Verhandlung unsicher, untreu und gefährlich fand, so löste er sie ebenfalls auf und wandte sich zu eigenen Leuten. Den Unterschied zwischen beiden Arten der Kriegsmacht kann man leicht einsehen, wenn man nur mit einander vergleicht: Wie der Herzog angesehen ward, so lange er die Orsini und Vitelli hatte und wie viel er gewann, sobald er mit eigner Mannschaft dastand. Zu großer Achtung gelangte er erst, als jedermann sah, dass er völlig Herr über sein ganzes Heer war.

Ich verlasse die neue italienische Geschichte ungern, doch kann ich nicht umhin, den Hiero von Syracus zu nennen, dessen ich schon oben gedacht habe. Die Syracusaner hatten ihn, wie ich bereits erwähnt, zu ihrem Heerführer erwählt. Er sah sogleich ein, dass ihm die Mietstruppen nichts nützen konnten, weil sie gleich wie unsere italienischen von eigenen Anführern unterstellt waren. Da er sie nun weder behalten noch gehen lassen durfte, so ließ er sie insgesamt in Stücke hauen und führte daraus den Krieg bloß mit eigner Mannschaft, ohne fremde Hilfe.

Noch will ich an eine Begebenheit aus dem Alten Testament erinnern, die hier recht passend ist. Da sich David dem Saul anbot, den Philister Goliath auf seine Ausforderung zu bekämpfen, so gab ihm Saul seine Waffen, um ihm Mut zu machen. So wie David sie aber angetan hatte, so weigerte er sich und sagte, damit könne er sich auf sich selbst nicht verlassen, er wolle mit seinen eigenen Waffen kämpfen und griff zu Schleuder und Messer. Kurz, fremde Waffen fallen ab, oder erdrücken durch ihre Last, oder erdrosseln dich selbst.

Karl der Siebente, Vater Ludwig des Elften, erkannte, nachdem er Frankreich von den Engländern befreit hatte, die Notwendigkeit eigner Waffen und errichtete in seinem Lande die Gensd'armes[2] und das Fußvolk. Sein Sohn Ludwig fing darauf an, das Fußvolk zu entlassen und stattdessen Schweizer zu besolden. Dieser Fehler nebst einigen anderen, die bald nachfolgten, waren Ursache der großen Gefahr, in welche sein Reich geriet. Denn er verschaffte dadurch den Schweizern großen Ruf, und machte seine eigene Macht verächtlich, da er das Fußvolk auflöste und die Gensd'armes daran gewöhnte, gemeinschaftlich mit Schweizern zu fechten, sodass sie ohne diese nichts mehr auszurichten vermochten. Daher kommt es, dass Franzosen gegen Schweizer nichts vermögen, und ohne Schweizer gegen andere ebenfalls nichts ausrichten können. Die französischen Heere sind also vermischt, halb gedungene, halb eigene Mannschaft. Das alles zusammen ist viel besser, als bloß gedungene oder bloße Hilfstruppen, aber doch viel schlechter, als bloß eigene.

Das angeführte Beispiel ist hinreichend, denn das Französische Reich würde unüberwindlich sein, wenn Karls Ordnung aufrecht erhalten und weiter ausgedehnt wäre; aber so machen es die Menschen. Sie fangen ohne viele Überlegung eine Sache an, die einigen guten Anschein hat, und achten nicht auf das verborgene Gift, so wie ich oben von der Schwindsucht gesagt habe.

Der Herrscher, der das Übel erst alsdann erkennt, wenn es schon da ist, kann nicht für weise gehalten werden, was ja wenigen gegeben ist. Wenn man dem Untergang des Römischen Reiches

---

[2] ›Gens d'armes‹ war ursprünglich die Bezeichnung für eine schwer gepanzerte und bewaffnete Rittertruppe, die von König Karl VII. von Frankreich im Jahre 1442 geschaffen wurde.

nachspürt, so findet man den Anfang in der Maßregel, die Goten zu besolden. Denn damit ließ die Stärke des Römischen Reiches nach, und alle Kräfte, die dieses verlor, gingen auf jene über. Ich schließe also, dass keine Herrschaft fest steht ohne eigene Waffen, denn wer keine Kraft hat, die ihn bei widrigen Schicksalen schützt, hängt bloß vom Glück ab. Es ist immer die Meinung weiser Männer gewesen, dass nichts so schwach und unbeständig sei, als der Ruf großer Macht, der nicht auf eigenen Kräften beruht. Eigne Waffen aber sind solche, die von Untertanen oder Bürgern geführt werden, auch selbstgeschaffene Heere. Alles andere sind gedungene oder Hilfstruppen. Die beste Art, eigene Mannschaft anzuordnen, ist leicht auszufinden, wenn die oben von mir angegebenen Anordnungen erwogen werden, und wenn man bedenkt, wie Philipp, Alexanders des Großen Vater, und viele andere Fürsten und Republiken es gemacht haben.

VIERZEHNTES KAPITEL:
Was der Fürst im Kriegsfall zu beobachten hat

EIN HERRSCHER soll also nichts anderes in sein Augenmerk nehmen, auf nichts anderes denken, und zu seiner eigenen Beschäftigung erwählen, als das Kriegswesen und die Einrichtung desselben. Denn dies ist die einzige eigene Sache dessen, der befehlen will und vermag so viel, dass sie nicht allein geborene Herrscher erhält, sondern auch manche Privatpersonen zur Herrschaft erhebt. Und im Gegenteil haben manche Herrscher die Macht verloren, sobald sie die Wollüste dem Kriegshandwerk vorzogen. Die erste Ursache, die Herrschaft zu verlieren, ist es, wenn man den Krieg verachtet. Das Mittel, sie zu erwerben, ist die Erfahrenheit in der Kriegskunst.

Francesco Sforza ward durch seine Geschicklichkeit in derselben Herzog von Mailand. Seine Söhne fielen durch ihre Abneigung gegen die Mühseligkeiten des Kriegs von der herzoglichen Würde wieder zurück in den Privatstand. Unter anderen Übeln, die die Abneigung gegen den Krieg mit sich führt, ist dies, dass sie Verachtung erregt; und dieses ist etwas, wofür sich der Herrscher am allermeisten hüten muss, wie weiter unten ausführlich gezeigt werden wird. Denn zwischen einem Bewaffneten und einem Unbewaffneten ist gar kein Verhältnis. Es ist unvernünftig zu erwarten, dass der Bewaffnete dem Unbewaffneten gehorchen werde, und dass der Unbewaffnete unter seinen bewaffneten Dienern sicher sein solle. Auf einer Seite Verachtung, auf der anderen Argwohn: das kann zusammen unmöglich gut gehen. Ein Herrscher, der den Krieg nicht versteht, ist außer anderen Übeln, wie gesagt, auch noch diesem unterworfen, dass er auf die Achtung seiner Leute keinen Anspruch machen und ihnen nicht trauen kann. Er darf daher dieses Kriegshandwerk niemals vernachlässigen und muss es im Frieden noch mehr üben, als im Krieg selbst, welches auf zweierlei Art geschehen kann: durch Tätigkeit und durch Nachdenken.

Was das Erste betrifft, so muss er seine Mannschaft immer in guter Ordnung und in Übung halten; selbst aber seinen Körper durch die Jagd abhärten, welche ihm außerdem Gelegenheit gibt, die verschiedene Beschaffenheit der Gegenden zu beobachten; zu lernen, wie die Berge sich erheben und die Ebenen laufen, wie Flüsse und Seen beschaffen sind, und dies alles auf das Genaueste zu bemerken. Diese Kenntnis hat zweierlei Nutzen. Erstens lernt er sein eignes Land besser kennen, und die Mittel es zu verteidigen. Zweitens erlangt er durch diese praktische Kenntnis die Fertigkeit, unbekannte Gegenden zu erforschen, an denen ihm gelegen ist; denn die Hügel, Berge, Täler, Flüsse und Seen, z. B. in der Toscana, haben einige Ähnlichkeiten mit denen in anderen Ländern, sodass man durch die Bekanntschaft mit jenen auch diese leichter kennenlernt.

Der Herrscher, dem diese Geschicklichkeit fehlt, ermangelt eines Haupterfordernisses des Feldherrn; denn hierdurch lernt man den Feind aufsuchen, Lager auswählen, Armeen führen, Schlachten anordnen und mit Vorteil Belagerungen anfangen. Unter anderen Lobsprüchen, welche die Schriftsteller dem achäischen Feldherrn Philopömen erteilen, ist auch dieser begriffen, dass er im Frieden immer an den Krieg dachte, und wenn er sich mit seinen Freunden im freien Felde befand, oft mit ihnen Betrachtungen darüber anstellte, wer im Vorteil sein würde, wenn der Feind auf jenem Hügel stände – und wir hier mit unserm Heer wären? Wie er alsdann mit Beibehaltung der Schlachtordnung sicher anzugreifen sei? Was müsste geschehen, wenn wir uns zurückziehen wollten? Was hätten wir zu tun, um ihn zu verfolgen, wenn er sich zurückzöge? Auf Spaziergängen legte er ihnen alle Fälle vor, die bei einem Heereszug vorkommen können, hörte ihre Meinung, sagte ihnen die seinige und unterstützte diese mit Gründen, sodass nach so vielen Betrachtungen sich fast kein Zufall im Feld ereignen konnte, der nicht im Voraus erwogen worden wäre.

Was die Bildung des Geistes anlangt, so muss der Herrscher die Geschichte lesen und die Handlungen ausgezeichneter Männer betrachten und erwägen, wie sie sich im Krieg benommen haben; muss die Ursachen ihrer Siege und Niederlagen erforschen, um diese zu vermeiden, jene nachzuahmen und vor allen Dingen es so zu machen suchen, wie irgend ein großer Mann, den er sich zum Muster vorgestellt hat, vor ihm gehandelt hat. So wie man sagt, dass Alexander der Große den Achilles, Cäsar den Alexander, Scipio den Cyrus zum Vorbild gewählt habe.

Wer Xenophons Leben des Cyrus gelesen hat, wird im Leben des Scipio erkennen, wie viel Ruhm diesem die Nachahmung gebracht und wie sehr Scipio sich bemüht hat in der Enthaltsamkeit, Leutseligkeit, Menschlichkeit und Freigebigkeit das zu erreichen, was Xenophon vom Cyrus meldet. Auf solche Art muss ein weiser Herrscher die Muße benutzen. Nicht aber im Frieden müßig gehen, sondern sich durch Anstrengung einen Schatz sammeln, den er im Unglück gebrauchen könne, damit das Glück, wenn es sich wendet, ihn vorbereitet finde, seinen Schlägen zu widerstehen.

FÜNFZEHNTES KAPITEL:
Wodurch die Herrscher Lob und Tadel erwerben

ES BLEIBT NOCH ÜBRIG die Untersuchung, wie der Herrscher sich gegen seine Untergebenen und gegen seine Freunde benehmen müsse. Und da dieses schon von manchen abgehandelt worden, so befürchte ich, es werde mir zum Übermut angerechnet, dass ich ebenfalls von der Sache rede, insbesondere da ich von meinen Vorgängern abweiche. Da aber meine Absicht darauf gerichtet ist, etwas für den, der es versteht, Nützliches zu schreiben, so scheint es mir schicklicher, die Wahrheit so darzustellen, wie sich dieselbe in der Wirklichkeit findet, als den Einbildungen jener zu folgen – denn manche Schriftsteller haben Republiken und Fürstentümer erdacht, dergleichen niemals gesehen worden, oder in der Wahrheit gegründet gewesen sind –, weil ein so großer Unterschied vorhanden ist unter dem, was da geschieht und dem, was geschehen sollte. Dass derjenige, der das Erste vernachlässigt und sich nur nach dem Letzten richtet, seinen Untergang eher als seine Erhaltung bereitet. Jemand, der es darauf anlegt, in allen Dingen moralisch gut zu handeln, muss unter einem Haufen, der sich daran nicht kehrt, zu Grunde gehen. Daher muss ein Herrscher, der sich behaupten will, sich auch darauf verstehen, nach Gelegenheit schlecht zu handeln und dies tun oder jenes lassen, so wie es die Notwendigkeit erfordert.

Mit Hintansetzung all dessen, was über erdichtete Herrscher vorgebracht worden, und um bei der Wahrheit zu bleiben, sage ich, dass allen Menschen, von denen geredet wird und vorzüglich den Herrschern, die so viel höher stehen als andere, gewisse Eigenschaften beigelegt werden, die mit Lob oder Tadel verbunden sind. Einer gilt für freigebig, der andere für filzig, einer liebt zu geben, der andere zu rauben; einer ist grausam, der andere mitleidig; einer treulos, der andere zuverlässig; einer weibisch und feig, der andere mutig und wild; einer menschenfreundlich, der andere rücksichtslos; einer wollüstig, der andere keusch und züchtig; einer aufrichtig, der andere listig; einer hartherzig, der andere nachgiebig; einer ernsthaft, der andere leichtsinnig; einer religiös, der andere ungläubig, und so weiter. Ich weiß wohl, dass jedermann eingestehen wird, es sei wünschenswert, die Herrscher mögen von allen oben genannten Eigenschaften die lobenswerten besitzen: Da aber die Beschaffenheit der menschlichen Natur nicht gestattet, dies zu erwarten, und alle jene Vorschriften zu befolgen, so ist es notwendig, klug genug zu sein, um den üblen Ruf solcher Laster zu vermeiden, über welche die Herrschaft verloren gehen könnte. Vor den Fehlern aber, welche solche Folgen nicht haben, muss man sich zwar hüten, wenn es möglich ist. Allenfalls aber kann man sich sogar ohne viele Vorsicht darin gehen lassen. Endlich muss man sich nicht so ängstlich vor dem bösen Ruf solcher Untugenden hüten, ohne welche man schwerlich die Herrschaft behauptet, denn wenn man die Sachen genau betrachtet, so gibt es anscheinende Tugenden, bei denen man zu Grunde geht und anscheinende Fehler, auf denen die Sicherheit und Fortdauer des Wohlbefindens beruht.

SECHZEHNTES KAPITEL:
Von der Freigebigkeit und dem Geiz

ICH FANGE MIT DER ERSTEN unter den oben gedachten Eigenschaften an und behaupte, dass es gut ist, für freigebig zu gelten. Hingegen wird die Freigebigkeit, die du so ausübst, dass du nicht dafür geachtet wirst, schädlich sein. Denn wird sie zwar recht tüchtig und wie gewöhnlich ausgeübt, aber nicht recht bekannt, so vermeidet man damit nicht einmal den üblen Ruf des Gegenteils.

Um den Namen eines Freigebigen unter den Menschen zu behaupten, muss man alle Art von Aufwand betreiben. Damit verzehrt ein Herrscher alles, was er hat und wird zuletzt genötigt, um den Namen des Freigebigen aufrecht zu halten, seine Untertanen mit Auflagen zu beschweren und alle Wege einzuschlagen, um Geld zu bekommen. Das macht ihn bei seinen Untertanen verhasst und sobald er in Geldnot gerät, wird er verachtet.

Seine Freigebigkeit hat wenige bereichert, seine Verschwendung aber belastet viele und er kommt darüber bei der ersten

Verlegenheit in Gefahr. Sieht er dies nun ein und will zurückziehen, so kommt er in den bösen Ruf, geizig zu sein. Wenn der Herrscher also nicht auf solche Art freigebig ist, dass es in die Augen fällt und sich herumspricht, so braucht ihn der Ruf des Geizes nicht zu beunruhigen. Mit der Zeit wird er schon wieder für freigebig gelten, wenn man sieht, dass bei seiner Sparsamkeit die gewöhnlichen Einkünfte ausreichen; dass er die Kosten eines Krieges, womit er etwa überzogen wird, bestreiten kann, ohne die Untertanen zu beschweren, sodass er am Ende freigebig gegen den großen Haufen ist, dem er das seinige lässt, und geizig nur gegen die wenigen, die nichts von ihm erhalten.

Wir haben zu unseren Zeiten gesehen, dass nur diejenigen große Dinge ausrichteten, die für geizig galten, die anderen aber zu Grunde gingen. Papst Julius der Zweite hatte den Namen der Freigebigkeit durch das Betragen erworben, wodurch er sich auf den päpstlichen Stuhl schwang. Nachdem er ihn bestiegen hatte, dachte er nicht mehr daran, um sich vielmehr nur auf den Krieg gegen Frankreich vorzubereiten. Er hat auch wirklich so viele Kriege geführt, ohne außerordentliche Auflagen zu machen. Seine lange Sparsamkeit schaffte Rat zu allen ungewöhnlichen Ausgaben. Wenn der jetzige König von Spanien (Ferdinand der Katholische) für freigebig hätte gelten wollen, so hätte er nicht so viele Unternehmungen ausführen können.

Ein Herrscher, der solche Wirtschaft führt, dass er nicht nötig hat seine Untertanen auszuplündern, um sich zu verteidigen, dass er nicht zu besorgen hat, arm und verachtet zu werden, dass er nicht in Gefahr gerät, aus Not habsüchtig zu werden, darf nicht fürchten, für geizig zu gelten. Denn das ist eine Untugend, auf der die Sicherheit seiner Herrschaft beruht. Und wenn jemand sagen sollte, dass Cäsar durch seine Freigebigkeit zur Herrschaft gelangt sei, und dass viele andere durch diesen Ruf sich sehr hoch geschwungen haben, so antworte ich Folgendes: Entweder du bist schon gemachter Herrscher, oder auf dem Wege es zu werden.

Im ersten Falle ist die Freigebigkeit nachteilig, im zweiten ist es zwar nötig, für freigebig zu gelten, und von der Art war Cäsar, der die Herrschaft von Rom zu erlangen strebte. Hätte er aber länger gelebt, ohne diese Weise zu handeln abzulegen, so hätte er seine Herrschaft selbst zerstört. Auf die Antwort, dass viele freigebige Herrscher mittels ihrer Kriegsheere große Dinge ausgerichtet haben, erwidere ich: Der Herrscher vergeudet entweder das Seinige und das Gut seiner Untertanen, oder fremdes. Im ersten Falle sollte er sparsam sein; im zweiten muss er auf alle Weise den Ruf der Freigebigkeit suchen. Denn der Herrscher, der mit einem Heer auszieht, welches vom Raub, Plünderung, Brandschatzung lebt und fremdes Gut an sich bringt, muss wohl freigebig sein: Sonst fände er keine Soldaten, die mit ihm ausziehen. Wenn du nicht dein eignes oder deiner Untertanen Gut vergeudest, so magst du wohl freigebig sein, wie Cyrus, Cäsar und Alexander: Fremdes Gut durchbringen, macht keinen schlechten Namen, sondern das Gegenteil. Nur die Verschwendung des eigenen schadet.

Keine Sache verzehrt sich selbst, so wie die Freigebigkeit. Indem du sie übst, verlierst du die Kraft dazu, und wirst entweder arm oder niederträchtig, oder um der Armut zu entgehen, räuberisch und dadurch verhasst. Unter allen Dingen, die ein Herrscher vermeiden muss, steht oben an, verachtet und verhasst zu sein, und die Freigebigkeit führt zu beidem. Es ist daher weiser, sich als geizig verschreien zu lassen, was freilich einen schlechten Namen macht, jedoch ohne Hass zu erzeugen, als um des Rufes der Freigebigkeit willen als räuberisch berüchtigt und dabei verhasst zu werden.

SIEBZEHNTES KAPITEL:

Von der Grausamkeit und Milde, und ob es besser ist, geliebt oder gefürchtet zu werden

ICH GEHE WEITER zu den übrigen oben benannten Tugenden und sage, dass jeder Herrscher suchen müsse, für mitleidig gehalten zu werden, jedoch aber so, dass er diese Tugend nicht falsch anwende. Cäsar Borgia galt für grausam. Diese Grausamkeit hatte die Provinz Romagna zusammen gehalten, in Einigkeit, in Frieden und in treuer Unterwürfigkeit. Erwägt man es genau, so wird man finden, dass dies viel menschlicher war, als das Betragen der Florentiner, die zugaben, dass Pistoja zerstört ward, um nicht für grausam zu gelten. Ein Herrscher muss daher den Ruf der Grausamkeit nicht scheuen, um seine Untertanen in Gehorsam und Einigkeit zu erhalten. Es ist mehr Wohltat darin, rechtzeitig gesetzte Strafen zu verfügen, als durch unzeitige Nachsicht Unordnung zu veranlassen, welche Mord und Raub erzeugen, die ganze Gemeinwesen treffen; wohingegen die Straferlasse der Herrscher nur Einzelne drücken. Unter allen Herrschern kann der neue am wenigsten den Namen der Grausamkeit vermeiden, weil seine Lage voll Gefahren ist, und daher Virgil der Dido zur Entschuldigung ihrer strengen Regierung Folgendes in den Mund legt:

> *»Res dura et regni novitas me talia cogunt*
> *Moliri, et late fines custode tueri.«*[3]

Dennoch muss er nicht übereilt reagieren, sich auch nicht unmittelbar fürchten, sondern mit Klugheit und Menschenfreundlichkeit mäßig verfahren, sodass ihn weder zu vieles Zutrauen unvorsichtig, noch zu vieles Misstrauen unerträglich mache. Hieraus entsteht eine Streitfrage, ob es besser sei, geliebt oder gefürchtet zu werden. Ich antworte, dass beides gut ist. Da es aber schwer ist, beides miteinander zu verbinden, so ist es viel

---

[3] *Vergil – Aeneis – Liber primus – Vers 561–574*
> *»... Die schwierige Lage und das kurze Bestehen der Herrschaft zwingen mich, solches zu unternehmen und weithin die Grenzen mit Wachen zu schützen ...«*

sicherer, gefürchtet zu werden, als geliebt, wenn ja eines von beiden fehlen soll. Denn man kann im Allgemeinen von den Menschen sagen, dass sie undankbar, wankelmütig, verstellt, feig in der Gefahr, begierig auf Gewinn sind: Solange du ihnen wohltust, sind sie dir ganz ergeben, wollen Gut und Blut für dich lassen, ihr eignes Leben aufopfern, das Leben ihrer Kinder (wie ich schon gesagt habe), so lange die Gefahr weit weg ist. Kommt sie aber näher, so empören sie sich.

Der Herrscher, der sich auf ihre Worte verlassen und keine anderen Zurüstungen gemacht hat, geht zu Grunde: Denn die erkauften Freundschaften, wenn sie nicht durch Größe des Geistes und Edelmut erworben sind, haben zwar guten Boden, halten aber doch nicht vor, wenn es Not tut. Die Menschen machen sich weniger daraus, den zu beleidigen, der sich beliebt macht, als den, der gefürchtet wird. Denn die Zuneigung der Menschen beruht auf einem Bande der Dankbarkeit, das wegen der schlechten Beschaffenheit der menschlichen Natur abreißt, sobald der Eigennutz damit in Streit gerät. Die Furcht aber vor Züchtigung lässt niemals nach.

Doch muss der Herrscher sich auf solche Art fürchten machen, dass er nicht verhasst werde, denn es kann recht gut miteinander bestehen, gefürchtet zu sein und nicht gehasst. Hierzu ist vornehmlich erforderlich, dass er sich der Eingriffe in das Vermögen seiner Bürger und Untertanen und ihrer Weiber enthalte. Ist es ja notwendig, einem das Leben zu nehmen, so geschehe es so, dass die gerechte Ursache am Tage liege. Vor allen Dingen aber enthalte er sich, das Vermögen der Untertanen anzutasten, denn die Menschen verschmerzen allenfalls noch eher den Tod des Vaters, als den Verlust des Vermögens. Auch wird es niemals an Veranlassungen fehlen, das Vermögen zu nehmen. Wer einmal anfängt so zu plündern, findet immer Ursachen, den Nächsten ebenfalls anzugreifen: Die Veranlassungen zum Blutvergießen dagegen sind seltener, und es fehlt leichter daran. Hat der Herrscher aber ein großes Heer beisammen, so darf er den Ruf der Grausamkeit nicht fürchten, denn ein Kriegsheer kann ohne das nicht wohl beisammen und in Gehorsam erhalten werden.

Unter die bewunderungswürdigen Taten des Hannibal wird vorzüglich gezählt, dass er ein großes, aus unendlicher Mannigfaltigkeit von Menschengeschlechtern zusammengesetztes Heer in fremde Länder geführt, ohne dass jemals ein Aufstand oder Zwistigkeit unter ihnen entstanden wäre, und zwar so wenig im Unglück als im Glück. Dies kann nur von seiner unmenschlichen Grausamkeit herrühren, die ihn in Verbindung mit seinen unendlichen großen Eigenschaften ehrwürdig und furchtbar machte, was ja durch die übrigen allein nicht geschehen wäre. Unüberlegte Schriftsteller bewundern seine Handlungen und tadeln auf der anderen Seite die Ursachen derselben. Dass dem wirklich also gewesen, beweist das Beispiel des Scipio, der ein in seinen und in allen Zeiten so seltenes Beispiel aller Tugenden gab, und dessen Kriegsheer in Spanien dennoch rebellierte.

Das hatte keine andere Ursache, als seine Milde, die den Soldaten mehr Freiheit zugestand, als mit der militärischen Zucht vereinbar ist. Fabius Maximus warf ihm dies im Senat vor und nannte ihn deswegen den Verderber der römischen Kriegszucht. Als einer seiner Unterbefehlshaber die Locrenser vernichtete, machte er diesem keinen Vorwurf darüber, und strafte ihn nicht. Auch dieses rührte von seiner allzu nachsichtigen Gemütsart her. So dass jemand im Senat ihn damit entschuldigte, es gebe Menschen, die besser wüssten, selbst nie zu fehlen, als die Fehler anderer zu bestrafen. Diese Gemütsbeschaffenheit würde am Ende den Ruhm des Scipio befleckt haben, wenn er hätte fortfahren sollen, den Befehlshaber zu machen. Da er aber unter der Regierung eines Senates lebte, so verschwand der Fehler nicht nur, sondern gereichte ihm noch zum Ruhm. Ich komme zum Schluss auf meine Behauptung zurück und fasse sie also: Da die Liebe der Menschen von ihrer Neigung, ihre Furcht aber vom Betragen des Herrschers abhängt, so muss der weise Herrscher es nicht auf die Neigungen anderer ankommen lassen, sondern auf das achten, was von ihm selbst abhängt. Nur muss er vermeiden, sich verhasst zu machen.

ACHTZEHNTES KAPITEL:

Inwiefern ein Herrscher sein Wort halten muss

JEDERMANN WEIß, wie lobenswert es ist, wenn ein Herrscher sein Wort hält und rechtschaffen lebt, nicht mit List. Dennoch sieht man aus der Erfahrung unserer Tage, dass diejenigen Herrscher, welche sich aus Treu und Glauben wenig gemacht haben und mit List die Gemüter der Menschen zu betören verstanden, große Dinge ausgerichtet und am Ende diejenigen, welche redlich handelten, überwunden haben. Wisset also, dass es zwei Arten gibt, zu kämpfen: Eine durch die Gesetze, die andere durch Gewalt – das Erste ist die Sitte der Menschen; das Zweite die Art der Tiere.

Oft aber reicht das Erste nicht zu, und so muss zu der zweiten Manier gegriffen werden. Einem Herrscher ist daher nötig, den Menschen und das reißende Tier spielen zu können. Diese Lehre wird von den Alten dadurch angedeutet, dass sie berichten, wie Achilles und viele andere Helden vom Centauren Chiron aufgezogen und unterwiesen worden. Einen solchen Lehrer haben, halb Mensch, halb Tier, heißt nichts anderes, als dass ein Herrscher beide Naturen, die menschliche und die tierische, gut zu gebrauchen wissen soll, weil eine ohne die andere nicht lange besteht.

Weil es denn notwendig ist, dass der Herrscher sich darauf verstehe, die Bestie zu spielen, so muss er beides davon nehmen, den Fuchs und den Löwen, denn der Löwe entgeht den Schlingen nicht und der Fuchs kann sich gegen den Wolf nicht wehren. Die Fuchsgestalt ist also nötig, um die Schlingen zu umgehen, und die Löwenmaske, um die Wölfe zu verjagen. Diejenigen, welche sich allein darauf legen, den Löwen zu spielen, verstehen es nicht. Ein kluger Herrscher kann und darf daher sein Wort nicht halten, wenn die Beobachtung desselben sich gegen ihn selbst kehren würde, und die Ursachen, die ihn bewogen haben es zu geben, aufhören. Wenn die Menschen insgesamt gut wären, so würde dieser Rat nichts wert sein. Da sie aber nicht viel taugen und ihr Wort gegen dich nicht halten, so hast du es ihnen auch nicht zu halten. Und einem Herrscher kann es nie an Vorwand fehlen, es zu beschönigen, wenn er es bricht. Hiervon könnte man viele neue Beispiele anführen und zeigen, wie viele Friedensschlüsse, wie viele Versprechungen durch die Untreue der Herrscher vereitelt sind und dass derjenige, der den Fuchs am besten zu spielen gewusst hat, auch am weitesten kommt. Aber es ist notwendig, sich darauf zu verstehen, wie diese Eigenschaft kaschiert wird, stark in der Kunst zu sein, sich zu verstecken und zu verlarven.

Die Menschen sind so einfältig und hängen so sehr von dem Druck des Augenblicks ab, dass derjenige, der sie hintergehen will, allemal jemand findet, der sich betrügen lässt. Ein einziges neues Beispiel will ich anführen. Papst Alexander der Sechste tat gar nichts anderes als betrügen, dachte an nichts anderes und fand immer Leute, die sich anführen ließen. Niemals hat jemand eine größere Fertigkeit gehabt, zu versprechen und mit großen Schwüren zu beteuern, und weniger zu halten. Dennoch gelangen ihm seine Pläne, Hinterlisten nach Wunsch, weil er die Welt von dieser Seite gut kannte. Ein Herrscher muss also nicht die vorhin beschriebenen Tugenden haben, wohl aber das Ansehen davon. Ich wage es zu behaupten, dass es sehr nachteilig ist, stets redlich zu sein: Aber fromm, treu, menschlich, gottesfürchtig, redlich zu *scheinen* ist sehr nützlich. Man muss sein Gemüt so bilden, dass man, wenn es notwendig ist, auch das Gegenteil davon vorbringen könne.

Ein Herrscher, und absonderlich ein neuer Herrscher, kann nicht immer alles das beobachten, was bei anderen Menschen für gut gilt; er muss oft, um seinen Platz zu behaupten, Treue, Menschenliebe, Menschlichkeit und Religion verletzen. Er muss also ein Gemüt besitzen, das geschickt ist, sich so, wie es die Winde und abwechselnden Glücksfälle fordern, zu wenden, und zwar nicht eben den geraden Weg allemal verlassen, so oft es Gelegenheit dazu gibt; wohl aber den krummen Weg betreten, wenn es sein *muss*. Ein Herrscher muss sich daher wohl hüten, dass nie ein Wort aus seinem Munde gehe, das nicht von oben gedachten fünf Tugenden zeugt. Alles, was von ihm herkommt, muss Mitleid, Treue, Menschlichkeit, Redlichkeit, Frömmigkeit atmen. Nichts aber ist notwendiger, als der Schein der letztgenannten Tugend. Denn die Menschen urteilen im Ganzen mehr nach den Augen, als nach dem Gefühl. Die Augen hat jeder offen. Wenige haben richtiges Gefühl. Jeder sieht, was du zu sein scheinst. Wenige merken, wie du beschaffen bist und diese Wenigen wagen es nicht, der Stimme des großen Haufens zu widersprechen, dem der Glanz großer Würde immer für einen Grund der Bewunderung gilt. Bei den Handlungen der Menschen, besonders der Herrscher, welche keinen Gerichtshof über sich anerkennen, wird immer auf den Endzweck gesehen.

Der Herrscher suche also nur sein Leben und seine Gewalt zu sichern: Die Mittel werden immer für ehrenvoll gelten und von jedermann gelobt werden, denn der große Haufen hält es stets mit dem Schein und mit dem Ausgang. Die ganze Welt ist voll von Pöbel und die wenigen Klügeren kommen nur zu Wort, wenn es dem großen Haufen, der in sich selbst keine Kraft hat, an einer Stütze fehlt. Ein Herrscher unserer Zeit, den ich besser nicht nenne, predigt nichts als Frieden und Treue, und wäre doch um seine Herrschaft gekommen, wenn er sie selbst beachtet hätte.

NEUNZEHNTES KAPITEL:
Verachtung und Hass sind zu vermeiden

NACHDEM ICH die wichtigsten der aufgezählten Eigenschaften ausführlich behandelt habe, so will ich die übrigen hier in die allgemeine Lehre zusammenfassen, dass der Herrscher (sowie zum Teil im Einzelnen schon gesagt ist) alles vermeiden muss, was ihn verhasst oder verächtlich machen kann; und so oft er dies vermeidet, wird er das Nötige getan haben. Und alle übrige üble Nachrede kann ihm dann keine Gefahr bringen. Verhasst macht ihn vor allem anderen (wie bereits erwähnt), wenn er räuberisch ist und das Vermögen und die Weiber seiner Untertanen angreift, deren er sich enthalten sollte.

So lange der Menschen Vermögen und Ehre nicht angetastet wird, so lange leben sie zufrieden, und es ist nur der Ehrgeiz einiger Wenigen zu bekämpfen, welche auf mancherlei Art leicht im Zaume zu halten sind. Verhasst wird dagegen derjenige, der für wankelmütig, leichtsinnig, weibisch, kleinmütig, unentschlossen gilt: Dieses muss ein Herrscher vermeiden, wie eine Klippe und sich bemühen, in seinen Handlungen eine gewisse Größe, Mut, Ernst und Stärke zu zeigen.

In allen Verhandlungen mit den Untertanen muss er von sich die Meinung zu erregen suchen, dass seine Entschlüsse unwiderruflich seien und sich in solcher Achtung erhalten, dass niemand es wage, ihn zu hintergehen oder zu bestricken. Der Herrscher, der in diesem Ansehen steht, hat Ruf genug, und gegen ihn wird schwerlich eine Verschwörung angezettelt. Es greift ihn nicht leicht jemand an, sobald man weiß, dass er große Eigenschaften hat und von den Seinigen geachtet wird. Ein Herrscher hat nur zwei Dinge zu fürchten: Eines im Inneren von den Untertanen, das andere von außen von fremden Mächten. Gegen diese wehrt man sich mit guter Kriegsmacht und wer die hat, dem kann es nie an Freunden fehlen. Im Innern wird er stets Ruhe erhalten, so lange von außen alles sicher ist, es wäre denn, dass eine Verschwörung entstünde. Und wird er von außen angegriffen, hat aber alles angeordnet und so gehandelt, wie ich gesagt habe, so wird er, bleibt er sich selbst nur treu, alle Angriffe abwehren, so wie Nabis der Spartaner[4]. Aber von den Untertanen ist auch bei äußerer Ruhe eine Verschwörung zu fürchten, gegen welche der Herrscher sich sichert, wenn er Hass und Verachtung vermeidet und das Volk zufriedenstellt. Dies ist aber notwendig, wie gezeigt worden.

Eines der kräftigsten Mittel gegen Verschwörungen ist es, allgemeinen Hass und Verachtung des Volks zu vermeiden, denn wer Verschwörungen anzettelt, glaubt immer, durch den Tod des Herrschers das Volk zufriedenzustellen. Ein Aufrührer, der weiß, dass er dieses dadurch beleidigen wird, wagt es nicht, solche Dinge zu unternehmen, denn die Schwierigkeiten sind unendlich auf Seiten der Verschwörer. Die Erfahrung zeigt, dass viele Verschwörungen gemacht, wenige aber gelungen sind, denn wer sie unternimmt, kann allein nichts ausrichten. Hilfe kann er nur bei

---

[4] *Nabis (gest. 192 v. Chr.) war von 207 bis 192 v. Chr. König von Sparta. Mit seiner Herrschaft endete die unabhängige Politik Spartas.*

denen suchen, die er für unzufrieden hält. Sobald du aber einem Missvergnügten deine Absichten offengelegt hast, so gibst du ihm das Mittel, seine eigenen Wünsche zu befriedigen, denn er mag von der Verräterei des Anschlags allen Vorteil hoffen. Wenn er sicheren Gewinn von dieser Seite sieht und von der anderen Ungewissheit und Gefahr, so muss er eine seltene Treue der Freundschaft gegen seinen Mitgenossen oder eingewurzelten Hass gegen den Herrscher haben, wenn er dir Wort halten soll. Kurz, auf Seiten der Verschworenen ist nichts als Furcht, Eifersucht, Argwohn, welche alles lähmen, auf Seiten des Herrschers stehen das Ansehen der fürstlichen Würde, die Gesetze, Schutz der Freunde und der öffentlichen Gewalt, sodass, wenn hier noch die Zuneigung des Volks hinzukommt, es unmöglich ist, dass jemand so tollkühn sei, eine Verschwörung anzuzetteln.

Gewöhnlich haben die Verschworenen *vor* der Ausführung ihres Anschlags Übles zu fürchten. *Nach* derselben müssen sie auch noch alsdann, wenn alles gelingt, das Volk fürchten und es bleibt ihnen daher keine Zuflucht. Ich könnte unzählige Beispiele davon anführen; es ist aber mit einem genug, welches sich zur Gedenkzeit unserer Väter ereignet hat.

Annibal Bentivoglio, Herrscher von Bologna und Großvater des jetzt lebenden Herrn Annibal, ward von der Partei der Canni in einer Verschwörung ums Leben gebracht. Er hinterließ ein einziges Kind in den Windeln, den Giovanni. Gleich nach dem Mord stand das Volk auf und tötete die ganze Partei der Verschwörer. Das war die Wirkung der Zuneigung des Volks von Bologna gegen die Familie Bentivoglio, welche damals so groß war, dass die Bologneser, in Ermangelung eines anderen von der Familie, der nach Annibals Tod den Staat hätte regieren können, nach Florenz kamen, wo ein Sprössling des Hauses Bentivoglio sich aufhielt, der aber für den Sohn eines Schmieds galt, um diesem die Regierung zu übertragen, die er auch wirklich geführt hat, bis Herr Giovanni das hinreichende Alter erreicht hatte.

Ich schließe also, dass ein Herrscher Verschwörungen wenig zu fürchten hat, solange ihm das Volk gewogen ist. Wenn er demselben aber verhasst ist, so muss er alles und jeden Menschen fürchten. Wohlgeordnete Staaten und weise Herrscher haben daher stets mit größter Sorgfalt zu vermeiden gesucht, dass die Einflussreichen nicht in Verzweiflung fallen, das Volk aber zufrieden bleibe, denn dieses ist eine der wichtigsten Sorgen des Regenten.

Unter den wohlgeordneten und regierten Reichen unserer Zeit ist Frankreich zu nennen, wo sich unzählige gute Institutionen finden, von denen die Sicherheit und Freiheit des Königs abhängen. Unter diesen ist die erste das Parlament und sein Ansehen. Wer dieses gegründet hat, kannte den Übermut der Einflussreichen und ihre Dreistigkeit: Er sah die Notwendigkeit, ihnen einen Zaum anzulegen. Auf der anderen Seite kannte er den Hass des Volks gegen die Einflussreichen, der von der Furcht herrührt. Um dasselbe sicherzustellen, dem König aber die üblen Folgen abzunehmen, die von den Einflussreichen zu erwarten waren, wenn er das Volk begünstigte, und von dem Volk, sobald er die Einflussreichen begünstigte. So ordnete er einen dritten Richter an, der ohne Beschwerde des Königs die Einflussreichen niederhalten und das Volk schützen konnte. Es ließ sich keine bessere Ordnung für die Sicherheit des Reichs und des Königs ausdenken. Hieraus ist noch eine Lehre zu ziehen: Dass die Herrscher alle harten Maßregeln durch andere ausführen lassen sollen. Gnadensachen aber für sich selbst behalten müssen.

Ferner schließe ich, dass ein Herrscher den Einflussreichen mit Achtung begegnen solle, jedoch ohne das Volk zum Hass zu reizen. Es mag vielleicht Manchem scheinen, dass das Beispiel der römischen Kaiser diesem widerspreche, da doch mehrere, die vortrefflich regiert und vorzügliche Kraft des Geistes gezeigt hatten, durch Verschwörungen den Thron oder gar das Leben verloren haben. Diesem Einwurf zu begegnen, will ich den Charakter einiger Imperatoren durchgehen und die Ursachen ihres Falles anzeigen, welche demjenigen nicht widersprechen, was ich oben gesagt habe. Dabei werde ich zum Teil erinnern, was dem, der die Geschichte jener Zeit liest, bemerkenswert sein muss. Es ist für mich hinreichend, die Imperatoren, welche vom Marcus Antoninus an bis auf Maximinus regiert haben, durchzugehen: Marcus, sein Sohn Commodus, Pertinax, Julianus, Severus, Antoninus Caracalla, Sohn des Vorigen, Macrinus, Heliogabalus, Alexander und Maximinus.

Zuerst ist zu bemerken, dass, wenn in anderen Reichen nur der Ehrgeiz der Großen und die Zügellosigkeit des Volks zu bekämpfen sind, die römischen Imperatoren noch eine dritte Schwierigkeit vor sich fanden, welche in der Habsucht und der Wildheit der Kriegsmacht bestand. Diese Sache hat solche Schwierigkeit, dass sie Ursache des Unterganges einiger Kaiser wurde. Weil es schwer ist, die Soldaten zufriedenzustellen und das Volk zugleich mit: Denn das Volk wünscht Ruhe und liebt deswegen die Herrscher von gemäßigter Denkungsart. Die Soldaten aber lieben kriegerische, übermütige, grausame, raubsüchtige Herrscher. Sie verlangten Personen von solcher Gemütsart zu Imperatoren, um doppelten Sold zu erhalten und ihren Geiz und grausame Gemütsart zu befriedigen.

Daher mussten alle Imperatoren, die nicht von Natur oder durch ihre Bestrebungen sich ein Ansehen zu verschaffen wussten, welches alles jene im Zaume zu halten vermochte, zu Grunde gehen. Die meisten von ihnen, insbesondere die aus dem Privatstand waren, bemühten sich, wenn sie diese Schwierigkeiten fühlten, nur die Soldaten zufriedenzustellen und achteten wenig auf die Bedrückung des Volks. Dies war notwendig. Denn wenn Herrscher es nicht vermeiden können, den Hass des einen oder anderen Teils auf sich zu laden, so müssen sie doch alle Sorgfalt anwenden, dass es nicht von beiden zugleich geschehe. Ist es einmal unvermeidlich, von einer Partei gehasst zu werden, so sei es doch wenigstens nicht von der mächtigeren.

Die Imperatoren, welche zur neuen Herrschaft aufstiegen und deswegen außerordentlicher Gunst bedurften, machten sich daher lieber einen Anhang unter den Soldaten als im Volke, welches ihnen aber doch nur insofern etwas nützte, als sie ihr Ansehen bei den Letzteren zu erhalten vermochten. Aus diesen Ursachen nahmen diejenigen, welche von milder Gemütsart, Gerechtigkeit liebend, der Grausamkeit abgeneigt, menschenfreundlich und leutselig waren, nämlich Marcus, Pertinax und Alexander, den einzigen Marcus ausgenommen, ein gewaltsames Ende. Marcus allein lebte und starb geehrt, weil er durch Erbrecht den Thron bestiegen hatte und ihn weder den Soldaten noch dem Volke verdankte. Außerdem war er durch so viele Tugenden ehrwürdig, wusste beide Stände während seiner ganzen Regierung in ihren Grenzen zu halten und machte sich nie verhasst oder verächtlich.

Pertinax aber ward gegen den Willen der Soldaten gewählt, welche unter dem Commodus an Zügellosigkeit gewöhnt, das ordentliche Leben, welches Pertinax einführen wollte, unerträglich fanden. Dies erzeugte Hass. Dazu kam Geringschätzung wegen seines Alters und so ging er, gleich nachdem er die Regierung angetreten, zu Grunde. Es ist bemerkenswert, dass Hass durch gute Handlungen sowohl als durch schlechte erregt werden kann. Ein Herrscher, der sich auf dem Thron erhalten will, darf daher oft, wie ich bereits gesagt habe, nicht gut handeln, denn wenn die Masse seines Volks oder Kriegsheeres oder die Großen seines Reiches, deren er bedarf, um sich zu halten, verdorben sind, so muss er wohl ihrem Sinne folgen und sie zufriedenstellen, wozu die rechtschaffensten Handlungen oft schädlich sind.

Auf den Alexander zu kommen: Dieser war so gütig gesinnt, dass man unter anderem anmerkte, er habe in einer vierzehn-jährigen Regierung keinen Menschen, ohne dass er verurteilt worden wäre, töten lassen. Dennoch fiel er in Geringschätzung, weil er für weibisch galt und es hieß, er ließe sich von seiner Mutter regieren. Es entstand eine Verschwörung der Soldaten gegen ihn, durch welche er um das Leben kam.

Nunmehr wollen wir die entgegengesetzten Charaktere des Commodus, Severus, Antoninus Caracalla und Maximinus betrachten. Wir finden sie höchst raubsüchtig und grausam. Um die Soldaten zu befriedigen, enthielten sie sich keiner Art von Misshandlung des Volks. Dennoch kamen sie, mit alleiniger Ausnahme des Severus, auf gewaltsame Weise ums Leben. Severus hatte ein so tapferes Gemüt, dass er die Herrschaft dadurch glücklich zu behaupten vermochte, dass er die Soldaten zu Freun-den behielt, obwohl er das Volk sehr drückte, denn seine großen Eigenschaften machten ihn den Soldaten und dem Volk so ehrwürdig, dass dieses erstaunt und demütig, jene aber voll

Verehrung und befriedigt waren. Da die Handlungen dieses zur Herrschaft emporgestiegenen Regenten ganz ausgezeichnet gewesen sind, so will ich kurz zeigen, wie er den Fuchs und den Löwen zu spielen verstand, was ich vom Herrscher verlangt habe.

Da Severus die Feigheit des Kaisers Julianus erkannte, überredete er das Heer, welchem er in Slavonien vorgesetzt war, nach Rom zu gehen, um den Tod des Pertinax zu rächen, den die Leibwache getötet hatte. Unter diesem Vorwand setzte er sich in Bewegung, ohne seine Absichten auf den Thron merken zu lassen und langte in Italien an, ehe man seine Abreise wusste. Gleich nach seiner Ankunft in Rom erwählte ihn der Senat aus Furcht, und Julianus ward getötet. Noch blieben dem Severus zwei Schwierigkeiten: Die eine in Asien, wo Niger[5] sich hatte ausrufen lassen, die andere im Okzident, wo Albinus nach der Würde des Imperators strebte. Er hielt es für gefährlich, sich zugleich gegen beide zu erklären, und beschloss daher, den Niger anzugreifen, den Albinus aber zu hintergehen. Diesem schrieb er, er sei vom Senat erwählt, wolle die Würde mit ihm teilen, gab ihm den Titel Cäsar und ließ ihn durch den Senat zu seinem Kollegen erwählen. Albinus nahm dieses für ernst.

Als Severus aber den Niger besiegt und den Orient beruhigt hatte, kehrte er nach Rom zurück und beschwerte sich im Senat über den Undank des Albinus, der ihm verräterischer Weise nach dem Leben getrachtet habe und den er wegen seiner Undankbarkeit züchtigen müsse. Er suchte ihn hierauf in Frankreich auf und nahm ihm Würde und Leben. Wer diese Geschichte aufmerksam erwägt, wird den mutigsten Löwen und den schlauesten Fuchs erkennen; wird sehen, wie er von allen gefürchtet und geehrt ward und beim Kriegsheer nicht verhasst war. Man darf sich nicht wundern, dass dieser neue Herrscher die Herrschaft zu behaupten gewusst, da er sich durch seinen großen Ruf beständig gegen den Hass zu wehren wusste, den seine Neuerungen beim Volke hätten erzeugen können.

---

[5] *Gaius Pescennius Niger (ca. 135/140–194) war römischer Gegenkaiser von Mitte April 193 bis zu seiner entscheidenden Niederlage etwa Ende März 194.*

Sein Sohn Antoninus hatte ebenfalls ausgezeichnete Eigenschaften und ward deswegen vom Volk bewundert, bei den Soldaten aber beliebt, weil er kriegerisch war, alle Strapazen nicht scheute und köstliche Speisen so wie alle anderen Wollüste verachtete, welches ihm die Zuneigung aller Armeen erwarb. Aber seine Wildheit und Grausamkeit waren so unerhört, dass er bei verschiednen Gelegenheiten einen großen Teil des Volks von Rom und alle Bewohner von Alexandrien tötete. Dadurch ward er der ganzen Welt verhasst, und flößte auch denen, die um ihn waren, Furcht ein, sodass ein Centurio ihn mitten in seiner Armee umbrachte. Hierbei ist zu bemerken, dass die Herrscher solchen gewaltsamen Tod durch die Hand eines entschlossenen Mannes gar nicht vermeiden können. Denn es kann jeder die Tat vollbringen, der nur sein eignes Leben riskiert. Doch hat der Herrscher sie eben nicht zu fürchten, weil solche Handlungen äußerst selten sind. Er muss sich nur hüten, diejenigen, die um ihn sind, und deren er sich in Regierungsgeschäften bedient, nicht gröblich zu beleidigen, wie Antoninus tat, der einen Bruder des Centurio hatte töten lassen und ihm selbst täglich drohte, trotzdem aber die Leibwache anvertraute. Das war tollkühn und musste ein schlechtes Ende nehmen, wie es auch in Wahrheit geschehen ist.

Wir kommen zum Commodus, der die Herrschaft gar leicht hätte behalten können, die er als Sohn des Marcus geerbt hatte. Er brauchte nur in die Fußstapfen seines Vaters treten, so hätte er Volk und Soldaten Genüge getan. Da er aber ein grausames und tierisches Gemüt hatte, veranlasste er selbst in der Armee allerlei Komplotte und ließ sie zügellos werden, um seine Raubgier zu befriedigen und das Volk auszuplündern. Auf der anderen Seite behauptete er seine Würde schlecht, indem er oft ins Theater herabstieg, um mit Gladiatoren zu kämpfen, und andere Dinge vornahm, die der kaiserlichen Würde schlecht anstanden. Er ward also bei den Soldaten verächtlich. Auf einer Seite gehasst, auf der anderen verachtet, fiel er als Opfer einer Verschwörung.

Endlich vom Maximinus. Dieser war höchst kriegerisch, und da die Armee einen Widerwillen gegen das weibische Wesen des Alexander bekommen, von dem ich oben geredet habe, töteten sie diesen und wählten jenen zum Kaiser, welcher er jedoch nicht lange blieb. Zwei Dinge machten ihn verhasst und verachtet. Das eine seine niedrige Herkunft, da er in Thracien das Vieh gehütet hatte (welches allgemein bekannt war, und ihn in allen Augen herabsetzte); das andere, dass er im Anfang seiner Herrschaft vorschob, nach Rom zu gehen und Besitz von der kaiserlichen Würde zu nehmen. Daneben in üblen Ruf geriet, weil er durch seine Statthalter in Rom und anderen Orten viele Grausamkeiten hatte verüben lassen. Da mithin die ganze Welt voll Unwillen über seine niedrige Herkunft und andererseits voll Hass und Furcht wegen seines wilden Gemüts war, so verschwor sich der Senat, ganz Rom und endlich ganz Italien gegen ihn. Hierzu kam sein eignes Heer, welches im Lager vor Aquileja Schwierigkeiten bei der Belagerung fand, seiner Grausamkeit überdrüssig ward und da es sah, dass ihn die ganze Welt hasste, ihn umbrachte.

Ich will weder vom Heliogabalus, noch vom Macrinus, noch Julianus reden, welche so niedrige Geschöpfe waren, dass sie sofort zu Grunde gingen, sondern ich komme zum Schluss und sage, dass die Herrscher unserer Zeit sich weniger in jener Verlegenheit befänden, auf außerordentliche Mittel denken zu müssen, um die Soldaten zu befriedigen. Wenngleich auf diese Rücksicht genommen werden muss, so hat es doch damit so viel nicht zu bedeuten, denn die heutigen Herrscher haben keine Heere beisammen, die mit der Regierung und Verwaltung der Provinzen so verwebt waren, als die römischen. War es damals nötiger, das Kriegsheer zu befriedigen, als das Volk, weil jenes mächtiger war als dieses, so ist es gegenwärtig für alle Herrscher (mit Ausnahme der Sultane von Konstantinopel und Ägypten) notwendiger, das Volk zufriedenzustellen, weil selbiges heutigen Tages mehr vermag, als die Soldaten.

Ich nehme den türkischen Kaiser aus, der ungefähr zwölftausend Mann zu Fuß und fünfzehntausend zu Pferde hält, von denen die Sicherheit und Stärke seines Reiches abhängen, und die er daher notwendig ohne alle Rücksicht auf die anderen Untertanen zu Freunden behalten muss. Ebenso ist es mit dem Sultan von Ägypten, der ganz in den Händen seiner Soldaten ist, und diese daher zu Freunden behalten muss, es koste was es wolle. Es ist dabei zu bemerken, dass dieser Sultan von allen anderen Herrschern verschieden ist, und Ähnlichkeit mit dem Papst hat, der weder Erbfürst ist, noch für einen neuen Herrscher gelten kann. Denn es werden jedes Mal nicht die Söhne des verstorbenen Regenten Erben und Nachfolger, sondern der Herrscher wird von denen gewählt, die dazu befugt sind. Da diese Ordnung der Dinge alt ist, so kann es nicht für eine neue Herrschaft gelten, indem keine von den Schwierigkeiten vorhanden sind, die ein neu errichtetes Fürstentum drücken. Wenngleich der Herrscher aus dem Privatstand zu der Würde erhoben wird, so sind doch die Anordnungen alt, und alles ist darauf eingerichtet, ihn als einen Erbfürsten zu empfangen.

Auf meine Behauptung zurückzukommen, so wird jeder, der die obige Erzählung erwägt, einsehen, dass Hass und Verachtung die Ursachen des Unterganges jener Imperatoren gewesen sind. Es wird dadurch begreiflich, wie es zugegangen ist, dass, da einige auf diese, andere auf entgegengesetzte Weise handelten, dennoch einige von jenen und einige von diesen ein glückliches, andere ein unglückliches Ende genommen haben.

Dem Pertinax und Alexander half es nichts, dem Marcus nachzuahmen, weil sie sich auf den Thron geschwungen hatten, dieser aber ein Erbfürst war. Dem Caracalla, Commodus und Maximinus war es sehr nachteilig, es so zu machen wie Severus, weil es ihnen an den erforderlichen Tugenden fehlte, in seine Fußstapfen zu treten. Ein neuer Herrscher kann dem Marcus nicht nachahmen und braucht nicht dem Severus zu folgen, sondern er muss vom Severus annehmen, was nötig ist, seine Herrschaft zu gründen. Vom Marcus aber das, was ruhmwürdig und nützlich ist, einen bereits festgegründeten Staat zu erhalten.

ZWANZIGSTES KAPITEL:

Ob Festungen und andere Sicherheitsanstalten den Herrschern nützlich oder schädlich sind?

EINIGE HERRSCHER haben ihre Untertanen entwaffnet, um ihre Herrschaft sicherzustellen, andere haben es darauf angelegt, dass die Parteien in den ihnen unterworfenen Städten fortdauern sollten, andere haben Feindschaften gegen sich selbst unterhalten, andere haben sich bemüht, diejenigen, welche ihnen zu Anfang verdächtig waren, zu gewinnen. Einige haben Festungen erbaut, andere haben sie niedergerissen und zerstört. Obgleich über alle diese Dinge kein allgemeines Urteil stattfinden kann, sondern es auf die besondern Umstände des Staates ankommt, in welchem eine Entschließung zu fassen ist, so will ich doch im Allgemeinen so viel davon reden, als die Natur der Sache gestattet.

Es ist einem neuen Herrscher niemals zuträglich gewesen, seine Untertanen zu entwaffnen. Vielmehr hat ein solcher sie allemal mit Nutzen bewaffnet, wenn er sie unbewaffnet fand, denn wenn er sie bewaffnet, so werden diese Waffen die Seinigen, Verdächtige werden treu, die Getreuen können sich erhalten und die Untertanen werden Anhänger ihres Herrn. Da es aber unmöglich ist, alle Untertanen zu bewaffnen, so sind diejenigen, welche dazu ausersehen werden, mit gewissen Vorzügen auszuzeichnen. Mit den anderen aber kann man ganz sicher nach Belieben verfahren. Diese Verschiedenheit in der Behandlung sichert die Ergebenheit derer, die hervorgezogen werden; die anderen aber entschuldigen das Verfahren, weil sie die Notwendigkeit einsehen, diejenigen, welche mehr Verpflichtung und Gefahr übernehmen, zu belohnen.

Wer hingegen damit anfängt, das Volk zu entwaffnen, beleidigt es, und zeigt Misstrauen in ihren Mut oder ihre Treue; solche Gesinnungen erregen beide Hass. Weil der Herrscher nicht ganz ohne Kriegsmannschaft sein kann, so muss er zu Mietstruppen greifen, von deren Beschaffenheit oben die Rede war. Wären diese aber auch tadellos, so kann man doch ihrer nicht genug unterhalten, um sich gegen mächtige Feinde und verdächtige

Untertanen zugleich zu verteidigen. Neue Herrscher haben daher allemal, wie ich bereits gesagt habe, in ihren neuerworbenen Ländern Kriegsmannschaften eingeführt. Die Geschichte ist voll solcher Beispiele.

Wenn aber ein Herrscher ein Land erwirbt, welches als ein neues Glied mit seinen Besitzungen im alten Staatskörper vereinigt wird, so ist es notwendig, diese Provinz zu entwaffnen, mit alleiniger Ausnahme derjenigen, die sich bei der Eroberung für ihn erklärt haben. Und auch für diese ist es ratsam, sie mit der Zeit und bei guter Gelegenheit schlaff und weichlich zu machen und die Sachen so einzurichten, dass alle Soldaten aus dem alten Lande stammen.

Unter unsern Vorfahren pflegten die Weisesten zu sagen, die Herrschaft müsse über Pistoja durch innere Uneinigkeit, über Pisa durch Festungswerke behauptet werden. Sie unterhielten daher in jener untergebenen Stadt die inneren Zwistigkeiten, um sie sicherer zu beherrschen. Dieses mochte zu der Zeit gut sein, als ein gewisses Gleichgewicht in Italien vorhanden war. Gegenwärtig aber scheint mir der Ratschlag nicht mehr tauglich. Ich glaube vielmehr, dass aus angestifteten Uneinigkeiten niemals Gutes kommt, vielmehr müssen Städte, die innerlich entzweit sind, bei Annäherung eines Feindes bald fallen, denn der schwächste Teil wird sich immer an den auswärtigen Feind hängen, der andere aber nicht im Stande sein, sich zu behaupten.

Diese Ursachen haben, wie es mir scheint, die Venezianer bewogen, die Parteien der Guelfen und Ghibellinen[6] in den ihnen unterworfenen Städten zu unterhalten. Wenn sie es gleich nicht bis zum Blutvergießen kommen ließen, so unterhielten sie doch diese Zwistigkeiten, damit die Bürger beschäftigt und abgehalten würden, sich gegen sie selbst aufzulehnen. Dieses schlug aber nicht so aus, als beabsichtigt war, denn sie waren nicht lange bei Vaila

---

[6] *Guelfen und Ghibellinen: Streitparteien im historischen Italien:*
Ghibellinen, Kaisertreue zu Zeiten des Stauferkaisers Friedrich II.
Die Gegenpartei, die Guelfen, abgeleitet vom Wort ›Welfen‹, standen
auf Seiten der Päpste und waren kaiserfeindlich.

geschlagen, so fasste eine der Parteien Mut und stürzte die venezianische Herrschaft. Ähnliches Verfahren deutet allemal die Schwäche des Herrschers an. Unter einer kräftigen Herrschaft werden solche Uneinigkeiten nicht gestattet, weil sie nur im Frieden zu etwas nützen können, indem sie dazu dienen, die Untertanen nach Gefallen zu behandeln. Entsteht aber Krieg, so tritt doch zutage, wie trüglich eine solche Art zu regieren ist.

Ohne Zweifel dient es zur Größe eines Herrschers, Schwierigkeiten und Widerstand zu überwinden. Wenn das Schicksal einen neuen Herrscher, der unstreitig eines guten Rufes mehr bedarf, als ein Erbfürst, groß machen will, so erweckt es ihm Feinde und reizt dieselben zu Unternehmungen gegen ihn, damit er sie zu Schanden mache, und auf der Leiter, die ihm seine Feinde solchergestalt zutragen, noch höher steige. Es haben daher einige geurteilt, dass ein weiser Herrscher, sofern die Gelegenheit sich darbietet, einige Feinde schlauerweise anfeuern müsse, um durch ihre Besiegung größer zu werden.

Die Herrscher, und insbesondere neue, haben mehr Treue bei denen gefunden, und mehr Nutzen von denen gezogen, die ihnen im Anfang verdächtig waren, als bei denen, die sich gleich anfangs zu ihnen schlugen. Pandolfo Petrucci, Fürst von Siena, regierte seinen Staat mehr durch jene, als durch die anderen. Aber es ist nicht viel davon zu sagen, weil es allein auf die Umstände ankommt. Ich will nur noch dieses einzige anführen, dass diejenigen, welche einer Herrschaft anfangs Feind waren, sofern sie so beschaffen sind, dass sie sich nicht ohne Unterstützung halten können, vom Herrschern leicht gewonnen werden, und genötigt sind, ihm treuere Dienste zu leisten, da sie einsehen, dass sie etwas tun müssen, um die nachteiligen ersten Eindrücke auszulöschen. Der Herrscher zieht also von ihnen größeren Nutzen, als von denen, welche sich in seinem Dienste ganz sicher halten und daher seine Sache vernachlässigen.

Da der Gegenstand es erfordert, darf ich nicht verabsäumen, die Herrscher, die ein Land durch Hilfe ihrer Anhänger unter den Einwohnern erobern, zu erinnern, dass sie wohl erwägen, welche Ursachen jene bewogen haben, es mit ihnen zu halten: Ist dies nicht aus einer natürlichen Zuneigung, sondern bloß aus Missvergnügen mit dem vorigen Zustand der Dinge geschehen, so wird man sie mit aller Mühe schwerlich zu Freunden behalten, weil es beinahe unmöglich ist, sie zufriedenzustellen. Wenn man alte und neue Geschichten erwägt, so wird man finden, dass es leichter ist, diejenigen zu gewinnen, welche bei dem vorigen Zustand der Dinge zufrieden und deswegen dem neuen Herrn Feind waren, als diejenigen, welche unzufrieden waren und diesen deswegen begünstigten.

Die Herrscher pflegen wohl zu ihrer Sicherheit Festungen anzulegen, welche ihnen als Zaum und Gebiss ihrer Gegner dienen und bei einem Überfall eine Zuflucht für den ersten Anlauf anbieten. Ich kann diese Weise nicht missbilligen, da es von alters her so geschehen. Doch hat Herr Nicolo Vitelli zu unserer Zeit zu Città di Castello zwei Burgen *nieder*gerissen, um diesen Ort zu behaupten. Guid' Ubaldo, Herzog von Urbiuo, zerstörte nach seiner Rückkunft in sein Land, aus welchem ihn Cäsar Borgia vertrieben hatte, alle festen Plätze in demselben, weil er es auf diese Art leichter zu behaupten dachte.

Ebenso machten es die Bentivogli nach ihrer Rückkehr in Bologna. Festungen sind daher nach Umständen nützlich oder schädlich, und wenn sie auf einer Seite helfen, so schaden sie auf der anderen. Dies beruht auf Folgendem: Der Herrscher, der mehr sein eignes Volk als Fremde zu fürchten hat, muss Festungen anlegen; wer sich aber mehr vor fremden, als vor seinen eigenen Leuten fürchtet, unterlasse es. Dem Hause Sforza hat das Castell von Mailand, welches Francesco Sforza erbaut hat, mehr Schaden getan, als irgendein anderer Umstand. Die beste Festung ist, seinem Volke nicht verhasst zu sein; denn wen das Volk hasst, dem helfen Festungen nicht, weil es nie an Fremden fehlt, die dem Volke zu Hilfe kommen, sobald es die Waffen ergriffen hat.

Zu unsern Zeiten hat man kein Beispiel gesehen, wo sie einem Herrscher Nutzen gebracht hätten, außer der Gräfin von Forli, welche sich bei einem Volksaufstand nach dem Tode ihres Gemahls, des Grafen Girolamo, dahinein rettete, bis Hilfe von Mailand kommen konnte und sie wieder einsetzte. Dabei gestatteten die damaligen Umstände den Fremden nicht, dem aufrührerischen Volke zu Hilfe zu kommen. Nächstdem aber, da Cäsar Borgia sie angriff, und das Volk sich mit Fremden gegen sie verband, diente die Festung zu nichts. Allemal wäre es ihr mehr wert gewesen, von ihrem Volke nicht gehasst zu werden, als Festungen zu haben. In Erwägung alles dessen will ich gern denjenigen loben, der Festungen anlegt, und den, der keine anlegt. Tadle aber denjenigen, der sich darauf verlässt und deswegen den Hass des Volkes nicht zur Kenntnis nimmt.

EINUNDZWANZIGSTES KAPITEL:
Wie ein Herrscher sich zu betragen hat,
um großen Ruhm zu erwerben

NICHTS ERWIRBT EINEM HERRSCHER so viel Achtung, als große Unternehmungen und glänzende Handlungen. Zu unserer Zeit haben wir den Fernando, König von Aragon, gegenwärtigen König von Spanien. Derselbe kann gewissermaßen für einen neuen Souverän gelten, weil er aus einem schwachen Herrscher, durch den Ruhm seiner Taten, zum ersten Monarchen der Christenheit geworden. Wenn man seine Handlungen betrachtet, so findet man in allen Größe. – einige sind aber ganz außerordentlich. Zu Anfang seiner Regierung griff er Granada an; diese Unternehmung ward der Ursprung seiner Größe. Anfangs vollführte er sie ganz gemächlich und brauchte nicht zu besorgen, darin gehindert zu werden; beschäftigte damit die kastilischen Barone, welche dadurch abgehalten wurden, auf Neuerungen zu Hause zu denken, und erwarb selbst dadurch unvermerkt großes Ansehen über sie und Ruf.

Er war vermögend, seine Armee mit dem Geld der Kirche und seines Volks zu unterhalten und legte durch diese langen Feldzüge einen guten Grund zu der Kriegsmacht, welche ihm in der Folge zu so großer Ehre verhalf. Außerdem aber übte er, um zu größeren Unternehmungen schreiten zu können, unter beständigem Vorwand der Religion eine fromme Härte aus, durch Vertreibung der

Mauren. Ein stärkeres und selteneres Ereignis gibt es nicht. Unter gleichem Vorwand fiel er in Afrika ein, versuchte einen Feldzug in Italien, griff endlich Frankreich an. So beschäftigte er sich beständig mit großen Plänen, welche unaufhörlich seine Untertanen in der Erwartung ihres Ausganges und in Bewunderung erhielten. Diese seine Handlungen entsprangen eine aus der anderen, also, dass gar nicht dazwischen käme, und keine Zeit war, dagegen zu wirken.

Ferner ist es einem Herrscher sehr ersprießlich, in der innern Verwaltung auffallende Dinge zu tun, so wie vom Signore Bernhard von Mailand erzählt wird, als wenn Gelegenheit entsteht, irgendjemanden wegen außerordentlicher Dinge im Guten oder im Bösen auf solche Art zu belohnen oder zu bestrafen, dass davon viel geredet werde. Vor allen Dingen muss ein Herrscher in jeder seiner Handlungen den Ruf des Großen und Hervorstechenden suchen. Zudem erweckt es große Hochachtung gegen einen Herrscher, wenn er sich als einen ernstlichen Freund oder Feind beweist: Das ist, wenn er ohne alles Zögern entschiedene Partei nimmt. Dies bringt stets mehr Ruhm, als neutral zu bleiben.

Denn wenn zwei mächtige Nachbarn in Streit geraten, so hast du von dem Sieger etwas zu befürchten, oder nicht. In beiden Fällen ist es besser, hervorzutreten und ernstlich Teil zu nehmen, denn im ersten Fall wird derjenige, der sich nicht bloßgeben wollte, allemal eine Beute des Siegers, zur größten Zufriedenheit des Überwundenen und es bleibt keine andere Zuflucht mehr offen. Denn der Überwinder will keine verdächtigen Freunde, die in der Gefahr nicht beistehen. Auf der anderen Seite: Der Besiegte bietet demjenigen keine Zuflucht an, der in den Zeiten des Kampfes sich geweigert hat, teilzunehmen.

Antiochus hatte sich von den Ätoliern bewegen lassen, nach Griechenland zu kommen, um die Römer zu bekämpfen. Er schickte Gesandte an die Achäer, welche Freunde der Römer waren, um sie zu bewegen, Zuschauer zu bleiben. Auf der anderen Seite redeten ihnen die Römer zu, die Waffen für sie zu ergreifen. Als dies in der Versammlung der Achäer zur Beratung kam, so antwortete der römische Gesandte dem Botschafter des Antiochus, der zur Neutralität mahnte, Folgendes: »Wenn es euch als der beste und nützlichste Ausweg empfohlen wird, neutral zu bleiben, so bedenket, dass euch nichts Nachteiligeres angegeben werden könnte. Denn wenn ihr am Kriege keinen Teil nehmt, so werdet ihr ohne Dank und ohne Ehre eine Beute des Siegers werden.«

Es wird immer so kommen, dass derjenige, der mit dir nicht gut steht, dich ersuchen wird, neutral zu bleiben; der andere aber wird dich bitten, ihn zu schützen. Unentschlossene Herrscher schlagen meistenteils diesen Weg der Neutralität ein und gehen auch meistenteils darüber zu Grunde. Macht aber ein Herrscher ernstlich gemeine Sache mit einem Teil, und dieser trägt den Sieg davon, so bleibt er freilich abhängig von demselben, jedoch sind die Fäden der Dankbarkeit angeknüpft, und die Menschen sind nicht so verräterisch, dass sie die Undankbarkeit bis dahin treiben sollten, ihren Anhänger sogleich zu unterdrücken.

Auch ist der Sieg selten so vollständig, dass der Sieger nicht allerlei Rücksichten nehmen müsste, besonders auf die Gerechtigkeit. Wenn aber der Teil, zu dem du dich geschlagen hast, unterliegt, so steht er dir doch bei, und du hast einen Freund, mit dessen Beihilfe du vielleicht wieder emporkommen kannst. Im zweiten Falle, da die streitenden Parteien einander so gleich sind, dass vom Sieger nichts zu fürchten ist, so ist es so viel klüger, Partei zu nehmen, weil sonst einer zu Grunde gerichtet wird, dem ein kluger Dritter vielmehr beistehen würde. Siegt er, so behältst du ihn in Händen, und es ist fast unmöglich, dass derjenige, dem du beistehst, nicht den Sieg davontrage. Hier ist noch bemerkenswert, dass ein Herrscher sich niemals mit einem Mächtigeren verbinden muss, um über einen Dritten herzufallen, außer im Falle der Not. Denn wenn er siegt, so bist du in seiner Gewalt. Dies ist aber vor allen Dingen zu vermeiden.

Die Venezianer verbanden sich mit Frankreich gegen den Herzog von Mailand; dies geschah unnötigerweise, und sie gingen darüber zu Grunde. Wenn es aber unvermeidlich ist, so wie mit den Florentinern der Fall war, als der Papst und die Spanier die Lombardei überzogen, alsdann muss man freilich wohl diesen Weg gehen. Kein Staat glaube jemals mit Sicherheit auf etwas zählen zu können, sondern rechne beständig auf die Ungewissheit aller Dinge: Denn die Welt ist so beschaffen, dass man allemal einer Unbequemlichkeit entgeht, in eine andere aber hineingerät. Die Klugheit besteht darin, unter ihnen auszuwählen, und die geringste auszusuchen.

Ferner noch muss ein Herrscher Liebe zu ausgezeichneten Eigenschaften beweisen und vorzügliche Männer in jedem Fache ehren. Er muss seine Bürger anfeuern, dass sie sich ernstlich in ihrem Gewerbe anstrengen, sei es im Handel oder dem Ackerbau oder anderem Gewerbe; dass sie nicht fürchten, das, was sie erworben, zu genießen; ihre Besitzungen, aus Furcht sie zu verlieren, vernachlässigen; aus Furcht vor neuen Steuern den Handel liegen lassen. Vielmehr muss er jeden dazu ermuntern, und denjenigen, der der Stadt oder dem Staat auf irgendeine Art förderlich ist, belohnen. Sein Volk muss er zu den gehörigen Zeiten im Jahr mit Festlichkeiten und Schauspielen beschäftigen und da jede Stadt aus Zünften besteht, diese ehren, ihren Zusammenkünften zu schicklichen Zeiten beiwohnen, sich menschenfreundlich und freigebig beweisen, dabei aber seine Würde in allen Dingen behaupten, welche niemals vernachlässigt werden darf.

ZWEIUNDZWANZIGSTES KAPITEL:
Von den Ministern

DIE WAHL DER MINISTER ist keine der geringsten Angelegenheiten eines Herrschers und fällt gut oder schlecht aus, nachdem er wohl überlegt oder nicht. Man urteilt zunächst über ihn und über seinen Verstand, nachdem die Personen beschaffen sind, die ihn umgeben. Sind sie der Sache gewachsen und getreu, so wird er immer für einen weisen Mann gelten, weil er sie für das erkannte, was sie waren, und sie treu zu erhalten wusste. Ist dem nicht so, so kann man über ihn kein günstiges Urteil fällen, wenn er in dieser ersten Angelegenheit Fehler begeht. – Wer nur den Antonio von Venairo, den Minister des Pandolfo Petrucci, Fürsten von Siena kannte, musste diesen für einen Mann von Verstand halten, weil er jenen zu seinem Minister erwählte.

Es gibt drei Arten von Köpfen: Die erste sieht alles von selbst ein; die zweite begreift es, wenn andere die Sache darlegen; die dritte sieht nichts ein, weder von selbst, noch durch die Bemühungen anderer. Die ersten sind die vorzüglichsten, die zweiten sind noch immer vortrefflich, die letzte Art ist aber zu nichts nutze. Pandolfo gehörte nicht zu der ersten, wohl aber zu der zweiten Klasse; denn wer nur den Verstand hat, Gutes und Schlechtes, was andere sagen und tun, zu unterscheiden, kann, wenn er schon selbst keinen erfinderischen Geist besitzt, die Handlungsweise seiner Minister beurteilen, tüchtige erheben und andere züchtigen; kein Minister kann ihn hintergehen, und er erhält sich.

Minister zu beurteilen, dazu ist Folgendes ein untrügliches Mittel: Sieht man, dass einer mehr an sich als an seinen Herrn denkt, und in allen seinen Handlungen seinen persönlichen Vorteil vor Augen hat, der wird nie ein guter Ratgeber sein, noch kann man ihm trauen. Denn wer einmal die Angelegenheiten einer Regierung in Händen hat, soll nicht mehr an sich denken, sondern an seinen Herrscher, und alles in Beziehung auf diesen betrachten. Auf der anderen Seite muss der Herrscher wieder an ihn denken, ihm Ehre und Reichtum zuwenden, ihn sich verbinden, an der Ehre und der Führung der Geschäfte teilnehmen lassen, sodass er sehe, er könne ohne den Herrscher nicht bestehen; und dass er genug Auszeichnung habe, um nicht nach Höherem zu streben. Des Reichtums so viel, dass er nicht noch mehr begehre und in so hohen Ämtern stehe, sodass er jede Staatsveränderung fürchtet. Wenn Minister so beschaffen sind und vom Herrscher so behandelt werden, dann können beide einander trauen; sonst aber wird es sicher mit dem einen oder anderen ein schlechtes Ende nehmen.

DREIUNDZWANZIGSTES KAPITEL:
Schmeichler sind zu fliehen

EIN KAPITEL von größter Wichtigkeit kann ich nicht übergehen, da es einen Fehler betrifft, den die Herrscher selten vermeiden, wenn sie nicht sehr viel Verstand haben und nicht gut zu wählen wissen. Dies behandelt nämlich die Schmeichler. Es gibt gar kein anderes Mittel, um sich gegen die Schmeichelei zu sichern, als wenn man zeigt, dass man die Wahrheit hören kann, ohne dadurch beleidigt zu werden. Darf aber jeder dir die Wahrheit sagen, so verletzt er die Ehrfurcht.

Ein kluger Herrscher muss daher einen dritten Weg einschlagen, gescheite Leute auswählen, diesen allein erlauben, ihm die Wahrheit zu sagen, aber doch nur über die Gegenstände, darüber er sie befragt. Er muss sie aber über alles befragen, ihre Meinung hören und dann selbst seine Entschließung fassen. Mit diesen Ratgebern muss er sich so benehmen, dass jeder sieht, er werde desto mehr Gehör finden, je freimütiger er spricht. Außer diesen aber muss er niemand hören, beschlossene Sachen nicht wieder besprechen und von gefassten Beschlüssen nicht zurückgehen. Wer es anders macht, wird entweder durch die Schmeichler ins Verderben gestürzt, oder wird über der Mannigfaltigkeit der Ansichten, über das öftere Wanken in seinen Entschlüssen verächtlich.

Ich will hiervon ein Beispiel aus der neuesten Geschichte anführen. Pater Luca, ein Vertrauter Kaiser Maximilians, sagte von diesem, er ziehe niemanden zu Rate und handle doch niemals nach seinem eigenen Sinne, welches daher rühre, dass er das Gegenteil von dem zu tun pflege, was hier oben angegeben ist. Der Kaiser sei nämlich ein verschlossener Mann, eröffne niemandem seine Gedanken und frage niemanden um seine Meinung. Aber wenn er anfängt, seine Entwürfe ins Werk zu richten und sie sich entwickeln, so finden sie auch Widerspruch in seiner Umgebung. Und da er selbst von nachgiebigem Charakter sei, lasse er sich leicht davon abbringen. Was er an einem Tage angefangen, vernichte er am folgenden wieder. Man könne daher nie daraus klug werden, was er vorhabe, und könne auf seine Beschlüsse nicht bauen. Ein Herrscher muss sich also beständig beraten; jedoch dann, wenn er es will, nicht wenn andere wollen. Er muss jedem den Mut nehmen, ihm ungefragt Rat zu erteilen; er muss aber häufig fragen und alsdann den freimütigen Vortrag der Wahrheit gern hören und vielmehr noch zürnen, wenn jemand sie ihm aus Nebenursachen vorenthält.

Es glauben wohl einige, dass manche Herrscher, welche den Ruf großer Klugheit erworben haben, denselben nicht ihrem eigenen Verstande, sondern den guten Ratschlägen anderer verdanken; aber diese irren unstreitig, denn es ist eine ganz allgemeine Regel ohne Ausnahme, dass ein Herrscher, der selbst keinen Verstand hat, auch nicht guten Rat annehmen kann, es sei denn, dass er zufälligerweise ganz und gar von einem einzigen und zwar von einem sehr gescheiten Manne geführt würde. In diesem letzten Falle kann er wohl gut geleitet werden. Es wird aber nicht lange gutgehen, denn ein solcher Ratgeber wird ihn bald selbst stürzen.

Ein Herrscher, dem es an Weisheit fehlt und der mehrere befragt, wird nie übereinstimmende Ratschlage erhalten, und sie ebenso wenig selbst in Übereinstimmung bringen. Jeder seiner Ratgeber wird immer auf seine eigene Sache denken, und der Herrscher wird sie weder kennen, noch in Ordnung halten. Ratgeber, die es anders machen, sind nicht zu finden, denn die Menschen sind ihrer Natur nach schlecht, wenn sie nicht durch Not gezwungen werden, gut zu handeln. Mit einem Worte: Gute Ratschläge, sie mögen herrühren von wem sie wollen, müssen von der Klugheit des Herrschers veranlasst werden. Durch gute Ratschläge wird kein Herrscher klug gemacht.

VIERUNDZWANZIGSTES KAPITEL:
Wie die Fürsten Italiens ihre Herrschaft verloren haben

WENN ALLES BISHER AUSGEFÜHRTE gut beachtet wird, so wird ein neuer Fürst einem alten gleich und wird geschwind so sicher und fest in seiner Herrschaft, als wenn er darin aufgewachsen wäre. Denn die Handlungen eines neuen Fürsten werden weit mehr beachtet, als eines Erbfürsten. Erkennt man darin große Vorzüge, so gewinnt dieses die Menschen und er erwirbt sich eine größere Anhänglichkeit, als ein altes Geschlecht. Denn die Menschen sind viel mehr mit dem Gegenwärtigen, als mit vergangenen Dingen beschäftigt. Befinden sie sich wohl, so sind sie zufrieden und verlangen nichts anderes, nehmen auch ernstlich die Partei des Herrschers, wenn er nur sich selbst nicht aufgibt. Auf diese Art erwirbt er doppelten Ruhm, indem er eine neue Herrschaft gegründet, zu Ehren gebracht, mit guten Gesetzen, tüchtiger Kriegsmacht, Freunden und gutem Beispiel für andere versehen hat.

Dagegen trifft doppelte Schande den Herrscher, der eine alte Herrschaft durch Unverstand verliert. Wenn man aber die Geschichte derjenigen italienischen Herrscher betrachtet, welche zu unserer Zeit ihre Staaten verloren haben, wie den König von Neapel, den Herzog von Mailand und andere, so wird man zuerst einen gemeinsamen Fehler finden, in den sie hinsichtlich der Kriegsmacht gefallen sind: Aus den oben auseinandergesetzten Ursachen.

Ferner wird man finden, dass einer oder der andere von ihnen das Volk zum Feinde gehabt, oder wenn er das Volk zum Freunde hatte, sich der Einflussreichen nicht versichern konnte. Ohne solche Fehler geht keine Herrschaft verloren, welche mächtig genug ist, ein Heer ins Feld stellen zu können. Philipp von Makedonien, nicht der Vater Alexanders des Großen, sondern derjenige, welchen Titus Quintius überwand, hatte keinen großen Staat im Vergleich mit den Römern und Griechen, die ihn angriffen; dennoch hielt er es manches Jahr mit ihnen aus, weil er kriegerischen Geist hatte, das Volk zu behandeln verstand und sich der Einflussreichen zu versichern wusste. Wenn er auch eine und die andere Stadt verlor, so behauptete er sich doch in seinem Königreich. Unsere Herrscher, welche eine lange Jahre hindurch besessene Herrschaft verloren haben, mögen also nur nicht das Schicksal anklagen, sondern ihre eigene Unfähigkeit.

Denn wenn sie in ruhigen Zeiten nie darauf gedacht haben, dass diese sich ändern können – der gewöhnliche Fehler der Menschen, bei gutem Wetter nicht an den Sturm zu denken – und alsdann, wenn schlimme Umstände eintreten, nicht darauf denken, sich zu verteidigen, sondern entfliehen und hoffen, dass die Völker sie aus Überdruss der Sieger wieder zurückrufen würden, so ist das ganz gut, wenn gar kein anderer Weg eingeschlagen werden kann. Aber es ist sehr übel, andere Wege zu vernachlässigen und diesen vorzuziehen. Kein Mensch wird je mutwillig fallen, in Hoffnung, dass ein anderer ihm wieder aufhelfen werde. Mag das nun wirklich geschehen oder nicht, so ist es immer höchst unsicher. Es hängt nicht von uns ab und ist ein niedriges Mittel. Nur diejenige Verteidigung ist gut, sicher, dauerhaft, welche von uns selbst und unserer eigenen Tapferkeit abhängt.

FÜNFUNDZWANZIGSTES KAPITEL:
Welchen Einfluss das Glück auf die Angelegenheiten der Menschen hat

ICH WEISS WOHL, dass viele ehedem die Meinung gehegt haben und noch jetzt hegen, die Begebenheiten der Welt würden solchergestalt vom Glück und von Gott regiert, dass die Menschen mit aller Klugheit sie nicht verbessern und nichts dagegen ausrichten könnten. Daraus könne man ableiten, dass es nicht der Mühe wert sei, viel einzufädeln, sondern dass man sich nur dem Schicksal hingeben möge. Diese Meinung hat in unsern Tagen durch die großen Veränderungen, die alles erlitten hat, die man noch täglich sieht und welche alle menschlichen Prognosen zu Schanden machen, viel gewonnen. Indem ich hierüber nachgedacht, bin ich zu Zeiten geneigt gewesen, mich zu derselben Meinung zu bekennen. Weil aber doch der menschliche freie Wille damit in Widerspruch steht, so urteile ich, dass das Glück wohl die Hälfte aller menschlichen Angelegenheiten beherrschen mag; aber die andere Hälfte, oder doch beinahe so viel, uns selbst überlassen müsse.

Ich vergleiche das Schicksal mit einem gefährlichen Fluss, der, wenn er anschwillt, die Ebene überschwemmt, Bäume und Gebäude umstürzt, Erdreich hier fortreißt und dort ansetzt. Jedermann flieht davor und gibt nach; niemand kann widerstehen. Dennoch können die Menschen in ruhigen Zeiten Vorkehrungen treffen, mit Deichen und Wällen bewirken, dass der Fluss bei hohem Wasser in einem Kanal abfließen muss, oder doch nicht so unbändig überströmt und nicht so viel Schaden tut.

In gleicher Art geht es mit dem Schicksal, welches seine Macht zeigt, wo keine ordentlichen Gegenanstalten gemacht sind und sich mit Ungestüm dahin kehrt, wo keine Wälle und Dämme vorhanden sind, es im Zaume zu halten. Wenn man Italien betrachtet, welches der Sitz dieser großen Umwälzungen gewesen ist, so wird man ein ebenes Feld finden, ohne Wälle und Dämme. Wäre dieses Land durch hinlängliche Kriegstugend verteidigt, so wie Deutschland, Frankreich und Spanien, so hätten jene Überschwemmungen keine solchen Umwälzungen hervorgebracht, oder wären gar nicht eingetreten. So viel im Allgemeinen vom Widerstand gegen das Schicksal.

Um der Sache näher zu treten, sage ich, dass man einen Herrscher heute im Wohlstand, morgen zu Grunde gehen sieht, ohne dass er seine Natur im Geringsten verändert habe. Dies scheint mir zuerst von den Ursachen herzurühren, die ich oben ausführlich erörtert habe: Nämlich, dass ein Herrscher, der sich ganz auf das Glück verlässt, zu Grunde gehen muss, sobald dieses sich dreht. Ferner glaube ich, dass es dem gut gehe, der in seiner Handlungsweise mit dem Geiste der Zeit zusammentrifft und dass derjenige verunglücken müsse, der mit den Zeiten in Widerspruch gerät. Denn man sieht die Menschen ihre Zwecke, die sich ein jeder vorgesetzt hat, es sei nun Ehre und Ruhm oder Reichtum, auf verschiedene Art verfolgen. Einer mit Vorsicht, der andere mit Ungestüm; einer mit Gewalt, der andere mit List; einer mit Geduld, der andere auf entgegengesetzte Art – und jeder kann auf seine Weise dazu gelangen.

Man sieht zwei gleich Vorsichtige: einem gelingt es, dem anderen nicht. Ebenfalls gelingt es zwei verschiedenen gleich gut, von denen der eine vorsichtig, der andere ungestüm zu Werke geht. Dies rührt lediglich von der Verschiedenheit der Umstände her, welche mit der Art zu verfahren übereinstimmen oder nicht. Daher kommt, was ich gesagt habe, dass zwei entgegengesetzte Verfahrensarten zu dem gleichen Zweck führen und dass von zweien, die auf gleiche Art verfahren, doch einer das Ziel erreicht, der andere es verfehlt. Eben daher kommen die Wechselfälle des Schicksals.

Denn wenn jemand sich mit Vorsicht und Besonnenheit und Geduld benimmt, dazu die Umstände wohl übereinstimmen, so geht alles gut vonstatten. Ändern sich Zeiten und Umstände, so geht er zu Grunde, wenn er seine Strategie nicht ebenfalls ändert. Es findet sich aber nicht leicht ein so verständiger Mann, nach dem er sich richten würde: Teils weil er nicht gegen seine natürliche Neigung handeln kann, teils weil derjenige, dem es auf einem gewissen Wege bis dahin gelungen ist, sich nicht überzeugen kann, dass es gut sei, denselben Weg nunmehr zu verlassen.

So geht es dem übervorsichtigen Mann. Wenn es Zeit ist, dreist darauf los zu gehen, so vermag er dies nicht und muss also zu Grunde gehen. Hätte er seine Gemütsart mit den Zeiten und Umständen geändert, so hätte das Schicksal sich nicht geändert. Papst Julius der Zweite ging in allen Dingen mit Ungestüm zu Werke und die Zeitumstände passten dazu so gut, dass er immerfort glücklich war. Man erwäge nur seinen ersten Angriff gegen Bologna, als Giovanni Bentivoglio noch lebte. Die Venezianer waren damit nicht zufrieden. Der König von Spanien sowohl als der von Frankreich dachten selbst auf eine solche Unternehmung. Dennoch griff er mit seinem gewöhnlichen Ungestüm die Sache an, und zwar persönlich. Dieser kühne Schritt hielt Venedig und Spanien zurück; jenes aus Furcht, dieses durch die Begierde, das ganze Königreich Neapel zu erobern. Auf der anderen Seite zog der Papst den König von Frankreich in sein Interesse, indem der König sah, dass der Papst einmal zugeschlagen hatte; und da er selbst die Venezianer zu demütigen wünschte, so glaubte er jenen nicht durch Verweigerung der Hilfstruppen offenbar beleidigen zu dürfen. Julius brachte also durch seine gewagten Bewegungen zustande, was niemals ein anderer Papst durch alle menschliche Klugheit ausgerichtet hätte. Hätte er gezaudert, von Rom auszubrechen, bis alles gehörig bestellt und alle Anstalten vorläufig getroffen wären, so wie andere Päpste es gemacht hatten, so wäre es ihm nicht gelungen. Denn der König von Frankreich hätte tausend Entschuldigungen gefunden, und die anderen hätten ihm tausend Besorgnisse erregt.

Ich übergehe alle seine anderen Handlungen, welche insgesamt dieser ähnlich sind und alle glückten. Die Kürze seines Lebens hat nicht gestattet, dass er ein feindliches Schicksal erfuhr. Wären aber Umstände eingetreten, die ein vorsichtiges Betragen erforderten, so wäre auch er zu Grunde gegangen, weil er seinen natürlichen Charakter in seiner Handlungsweise nicht würde haben ver-leugnen können.

Ich schließe also, dass, da die Glücksumstände veränderlich sind, die Menschen aber bei ihrer Weise eigensinnig beharren, es diesen nur so lange gut geht, als beides miteinander übereinstimmt. Sobald aber Disharmonie darin eintritt, alles missglücken muss. So viel ist indessen wahr, dass es allemal besser ist, mutig darauf los zu gehen, als bedächtig: Denn das Glück ist ein Weib und wer dasselbe unter sich bringen will, muss es schlagen und stoßen. Es lässt sich eher von dem, der es so behandelt, unterjochen, als von dem, der ruhig und kalt zu Werke geht. Deswegen ist es auch als ein echtes Weib den jungen Leuten gewogen, weil sie weniger bedächtig sind, mutiger und dreister ihm befehlen.

SECHSUNDZWANZIGSTES KAPITEL:

Aufruf, Italien von der Fremdherrschaft zu befreien

ERWÄGT MAN NUN alles bisher Vorgetragene und überlegt mit mir, ob augenblicklich wohl in Italien die Zeitverhältnisse so sind, dass man einen neuen Fürsten ins Amt bringen und dass ein tapferer und besonnener Mann eine neue Verfassung schaffen könnte, die ihm selbst zum Ruhme gereichte und der Nation Vorteil brächte, so scheinen mir jetzt so viele Umstände zusammenzukommen, dass nie ein günstigerer Zeitpunkt dazu vorhanden war.

Wie gesagt, die Künste des Moses hätten sich nicht entwickeln können, wenn die Juden nicht in der Dienstbarkeit Ägyptens gewesen wären; die Größe des Cyrus wäre nicht erkannt, wenn die Perser nicht von den Medern vorher unterdrückt wären; den Theseus berühmt zu machen, mussten die Athener zu seiner Zeit versprengt leben. Und so musste auch, damit ein hervorragender italienischer Geist sich zeigen könne, Italien so tief sinken, sklavischer werden, als die Juden je gewesen sind, unterdrückter als die Perser, zerstreuter als die Athener, ohne Kopf, ohne Ordnung, geschlagen, ausgeplündert, zerrissen, überrannt, – das italienische Volk musste auf alle Weise zu Grunde gerichtet sein.

Und wenngleich sich bis jetzt in dem einem oder anderen ein wenig Glanz gezeigt hat, als ob er von Gott dazu berufen sei, Italien zu erlösen, so sind solche doch im Gefolge der Widrigkeiten durch das Schicksal so zurückgeworfen, dass Italien noch immer wie tot daliegt und auf den harrt, der es von den erlittenen Schlägen kurieren, den Plünderungen und Verheerungen der Lombardei, dem Aussaugen und Auspressen des römischen Gebietes und Königreichs Neapel ein Ende machen, und die durch die Länge der Zeit so tief hinein brandig gewordenen Wunden heilen wird. Seht, wie das Volk zu Gott ruft, er möge jemand senden, der es von der Grausamkeit und dem Übermut der Barbaren erlöse! Seht, wie geneigt es ist, der Fahne zu folgen, wenn nur jemand da wäre, der sie aufpflanzte. Es ist aber jetzt niemand zu finden, auf den man hoffen dürfte, außer in eurem erlauchten Hause[7], welches durch seine hohen Eigenschaften und durch seinen Glücksstern (unter Begünstigung Gottes und der Kirche, an deren Spitze euer Geschlecht gegenwärtig steht) Anführer der Befreiung werden könnte. Dies wird euch nicht schwer werden, sofern ihr nur die von mir vorgehaltenen Beispiele vor Augen behaltet. Und obwohl diese von seltenen und bewunderungswürdigen Männern herrühren, so waren sie doch auch Menschen: Die Gelegenheit war aber nie so günstig als gegenwärtig; denn ihre Unternehmungen waren weder gerechter noch leichter, noch auch hat sich Gott ihnen günstiger bewiesen als euch. Hier ist gerechte Sache: denn dieser Krieg ist gerecht, notwendig. Hier sind fromme Waffen: deswegen hoffet auf nichts anderes, als auf sie. Alles ist dazu bereitet, und mithin kann es keine großen Schwierigkeiten haben, wenn man nur die von mir aufgestellten Beispiele zum Muster nimmt.

Außerdem sind Zeichen und Wunder geschehen ohne Beispiel, die von Gott kommen: das Meer hat sich aufgetan, eine Wolke hat euch den Weg gezeigt, ein Fels hat Wasser ergossen, Manna ist geregnet. Alles hat sich vereinigt zu eurer Größe; das Übrige müsst ihr selbst tun. Gott erledigt nicht alles, um die Freiheit des menschlichen Willens nicht zu behindern und uns den Teil des Ruhmes zu lassen, der unsere Handlungen angeht. Auch ist es nicht zu verwundern, wenn keiner von oben gedachten Italienern das hat leisten können, was man von eurem erlauchten Hause hoffen darf − auch wenn es in so vielen Umwälzungen von Italien und so vielen kriegerischen Unternehmungen den Anschein ge-habt hat, als sei alle kriegerische Tugend erloschen. Dies beweist nur, dass die alten Anordnungen nichts taugten, und bisher niemand neue zu erdenken gewusst hat.

Nichts bringt einem neu aufsteigenden Helden mehr Ehre, als die Erfindung neuer Gesetze und neuer Anordnungen. Sind diese gut begründet und ist darin eine gewisse Größe, so erwerben sie ihm Verehrung und Bewunderung; und es fehlt in Italien nicht an

---

[7] *Machiavelli meint das Haus der Medici, namentlich*
den Lorenzo von Medici, dem er diese Schrift widmete.

Materie zu jeder neuen Gestalt. Kraft genug ist in den Gliedern, wenn sie nur nicht in den Köpfen gefehlt hätte. Die Zweikämpfe und einzelnen Gefechte unter wenigen Personen beweisen, wieviel Überlegenheit die Italiener in Kraft, Geschicklichkeit und Verstand besitzen. Sobald sie aber in ganzen Heeren zusammen erscheinen, so sieht man nichts mehr davon. Alles liegt nur an der Schwäche der Häupter, denn die es besser wissen, gehorchen nicht. Jedermann aber will es so gut wissen als der andere, da bis jetzt noch niemand aufgestanden ist, der genug Überlegenheit in Tugend und Glück gezeigt hätte, dass die anderen ihm hätten folgen müssen. Daher kommt es denn, dass seit zwanzig Jahren kein einziges Heer etwas ausgerichtet hat, welches aus bloßen Italienern bestand. Das beweisen die Schlachten am Taro, Alexandrien, Capua, Genua, Vaila, Bologna, Mestri.

Wenn also euer erlauchtes Haus das Beispiel derer nachahmen will, die ihr Vaterland befreit haben, so ist vor allen Dingen nötig (worauf ja jede Unternehmung beruht), eigene Mannschaft anzuwerben, weil es keine treueren, achtbareren und besseren Soldaten gibt. Wenngleich jeder Einzelne für sich gut ist, so werden sie zusammengebracht noch besser, sobald sie von ihrem eigenen Herrscher angeführt sind und sich von demselben geehrt und gut behandelt sehen.

Es ist also nötig, sich auf diese Art zu rüsten, um sich mit italienischer Tapferkeit gegen die Fremden zu verteidigen. Und obgleich die schweizerischen und spanischen Fußvölker für furchtbar gelten, so haben doch beide ihre Fehler, die einem Dritten Gelegenheit zum Widerstand und Hoffnung geben, sie zu besiegen. Denn die Spanier können den Angriff der Reiterei nicht aushalten, und die Schweizer geben dem Fußvolk nach, wenn sie auf solches stoßen, das eben so hartnäckig im Gefecht ist, als sie selbst.

Die Erfahrung hat dieses bewiesen: Die Spanier können eine französische Reiterei nicht abhalten; die Schweizer unterliegen spanischem Fußvolk. Von dem letzten haben wir noch keine vollständig Erfahrung. Jedoch hat sich ein Probestückchen davon in der Schlacht bei Ravenna gezeigt, als die Spanier mit deutschen

Truppen zusammentrafen, welche dieselbe Art zu fechten haben wie die Schweizer. Die Spanier drangen nämlich durch die Gewandtheit des Körpers und durch Hilfe ihrer kleinen Schilder tief auf sie ein, unter ihre Piken, und waren dabei im Angriff gedeckt, ohne dass die Deutschen sich gegen sie wehren konnten. Wäre die Reiterei nicht dazu gekommen, so waren sie alle verloren.

Da man also die Mängel jener Mannschaft zu Fuß erkannt hat, so kann gegenwärtig eine neue Taktik derselben eingeführt werden, welche der Reiterei zu widerstehen vermag und anderes Fußvolk nicht zu fürchten braucht. Dieses wird nicht durch die Beschaffenheit der Waffen, sondern durch Stellung und Anordnung der Mannschaft bewirkt werden. Dieses sind die Erfindungen, welche einen neuen Herrscher groß machen und seinen Ruhm gründen. Die gegenwärtige Gelegenheit möge also nicht vorübergehen, damit Italien endlich nach so langer Zeit seinen Erretter sehe.

Ich vermag es nicht auszudrücken, mit welcher Begierde ihn alle Länder aufnehmen würden, die so viel von den fremden Überschwemmungen gelitten haben; mit welchem Durst nach Rache, welcher unüberwindlichen Treue, welcher frommen Liebe; wie viel Tränen für ihn fließen würden! Welche Tore würden wohl ihm verschlossen werden? Welches Volk könnte es versagen, ihm zu gehorchen? Wie dürfte der Neid sich gegen ihn regen? Welcher Italiener könnte sich weigern, ihm zu folgen? Einen jeden ekelt diese fremde Herrschaft an! So ergreife denn euer erlauchtes Haus den Entschluss, mit dem guten Mut und der Hoffnung, womit gerechte Unternehmungen angefangen werden, damit das Vaterland unter seinen Fahnen wieder geadelt werde, und die Prophezeiung des Petrarca eintreffe:

»Die Tugend wird gegen die wilde Wut in Waffen treten und das Gefecht bald entschieden sein; denn die alte Tapferkeit ist in der Brust der Italiener auch heute noch nicht erstorben!«

Zueignung

An den Großmächtigen Lorenzo,
Sohn des Piero von Medici

DIEJENIGEN, welche die Gunst eines Herrschers zu erwerben trachten, pflegen sich ihm mit dem zu nähern, was ihnen unter allem, das sie besitzen, das Liebste ist, oder ihm am meisten zu gefallen scheint: Daher ihm so oft Pferde, Waffen, Teppiche, Edelsteine und andere Zierraten überreicht werden, die seiner Größe würdig scheinen. Indem ich mich Euch, großmächtiger Herr, mit einem Beweise meiner untertänigen Ergebenheit zu nahen wünsche, finde ich nichts in meinem Vorrat, was mir werter wäre, oder ich höher schätzte, als die Kenntnis der Handlungen großer Männer, die ich durch lange Erfahrung der neueren Zeit und unablässiges Lesen der alten erworben habe.

Diese habe ich mit großem Fleiße lange durchdacht und geprüft, und jetzt in ein kleines Buch zusammengefasst, welches ich Euch überreiche, großmächtiger Herr. Und obgleich ich einsehe, dass es nicht wert sei, vor Euch gebracht zu werden, so hoffe ich doch von Eurer freundlichen Gemütsart, es werde gut aufgenommen werden, in Anbetracht, dass ich kein größeres Geschenk zu geben vermag, als dieses, welches in den Stand setzt, in so kurzer Zeit alles einzublicken, was ich in vielen Jahren, mit so vielen Gefahren und Mühseligkeiten erlernt und begriffen habe. Dieses Werk ist von mir nicht geschmückt, noch mit vielem Wortgepränge oder anderer Schminke und äußerer Zierde aufgeputzt, wie viele andere ihre Werke zu schreiben und zu schmücken pflegen, weil ich wollte, dass die Sache selbst sich ehre und die Wahrheit des Inhalts und der Ernst der Ausführung allein das Buch empfehle.

Es werde mir aber nicht als eine Anmaßung ausgelegt, dass ich, ein Mann von geringem Stande, es wage, über die Handlungen der Großen zu urteilen, und mich erdreiste, sie zu kritisieren. Denn so wie diejenigen, welche Landschaften erkennen möchten, in die Ebene herabsteigen, um die Gestalt der Berge und Höhen zu betrachten, und auf die Berge steigen, um die Täler zu beobachten, so erkennen zwar die Großen am besten die Natur des Volkes; um aber die Herrscher zu kennen, muss man aus dem Volke sein.

Nehmt daher, großmächtiger Herr, dieses kleine Geschenk, in der Gesinnung, mit welcher ich es überreiche. Ihr werdet darin einen brennenden Wunsch sehen, dass Ihr zu der Größe gelangt, zu welcher Euch die Glücksumstände und andere Eigenschaften bestimmt haben. Wenn Eure Hoheit aber von Eurem erhabenen Standpunkte aus die niedern Orte herabsieht, in denen ich mich befinde, so werdet Ihr erkennen, mit welchem Unrecht ich ein anhaltendes widriges Schicksal ertragen muss.

~ ENDE ~